U0927299

广西哲学社会科学规划课题（17FGL020）
广西学位与研究生教育改革与发展专项课题（JGY2018057）
全国会计专业学位研究生教育指导委员会“大数据+会计”改革课题
广西财政厅会计信息化改革课题（201908230062）

李立成　著

会计人员素质对XBRL推广意愿的影响机制研究

——基于期望回报的中介效应

中国财经出版传媒集团

经济科学出版社
Economic Science Press

图书在版编目（CIP）数据

会计人员素质对 XBRL 推广意愿的影响机制研究：基于期望回报的中介效应／李立成著. —北京：经济科学出版社，2020. 5
ISBN 978 -7 -5218 -1476 -7

Ⅰ. ①会… Ⅱ. ①李… Ⅲ. ①可扩充语言 - 应用 - 会计报表 - 研究 Ⅳ. ①F231. 5 -39

中国版本图书馆 CIP 数据核字（2020）第 065072 号

责任编辑：杜　鹏　刘　悦
责任校对：王肖楠
责任印制：邱　天

会计人员素质对 XBRL 推广意愿的影响机制研究
——基于期望回报的中介效应
李立成　著
经济科学出版社出版、发行　新华书店经销
社址：北京市海淀区阜成路甲 28 号　邮编：100142
编辑部电话：010 -88191441　发行部电话：010 -88191522
网址：www. esp. com. cn
电子邮箱：esp_bj@ 163. com
天猫网店：经济科学出版社旗舰店
网址：http：//jjkxcbs. tmall. com
固安华明印业有限公司印装
710 ×1000　16 开　11. 5 印张　200000 字
2020 年 5 月第 1 版　2020 年 5 月第 1 次印刷
ISBN 978 -7 -5218 -1476 -7　定价：59. 00 元

前　言

当今时代是一个信息技术飞速发展的时代，信息化成为世界发展的主题和大趋势。财务报告是获知企业关键经营状况、资金周转情况、股本等重要信息的文件，其数字化、信息化非常重要。可扩展商业报告语言（eXtensible business reporting language，XBRL）由美国注册会计师查尔斯·霍夫曼（Charles Hoffman）于1998年首次提出，目前是国际上最先进的财务报告数据标准，是解决当前会计信息无法快速共享的关键手段，它能够以计算机认知的语言描述不同的会计概念，从而达到让计算机自动处理会计信息的目的，节省了大量的人力、物力资源，提升了信息处理效率和信息质量。

中国作为发展中国家，早在2000年初，财政部就已预测到XBRL会对今后的会计变革产生翻天覆地的影响，便在当时力邀会计准则委员会及XBRL相关专家来华给予相关推广建议。在财政部的积极引导下，2004年证监会开始采用XBRL技术对上市公司披露的信息实行监管，推行了上海证券交易所和深圳证券交易所的XBRL Pilot Project。上交所、深交所相继要求上市公司提供XBRL财务报告。上市公司分别在两个交易所的XBRL平台上填报，此阶段上市公司披露的XBRL财务报告呈现三个特点：一是会计人员不需要了解XBRL知识，只需要在交易所指定的平台上直接填报部分财务报告数据，再由平台自动根据设置好的XBRL转换器，将数据转换成XBRL格式；二是交易所平台展示的XBRL财务报告是不完整的，只涉及四张主表和部分摘要数据；三是上市公司不需要对XBRL财务报告承担会计责任，注册会计师不需要对

XBRL 财务报告发表审计意见，XBRL 财务报告仅作为辅助数据供给信息使用者参考。

为了全面推进 XBRL 在企业的应用实施，财政部联合中国标准化管理委员会于 2010 年正式发布《可扩展商业报告语言（XBRL）技术系列规范》和《企业会计准则通用分类标准》，在部分国有企业和上市公司试点。2012 年，广西壮族自治区也被列为 XBRL 重点推广的试点地区之一。目前 XBRL 在中国仍然处于推广阶段，存在着 XBRL 工作规范尚未完善、推广范围狭窄、财务软件功能不足、企业内在驱动力不够、缺乏相关咨询服务等问题，使得中国与国际发达国家 XBRL 应用水平尚存在较大差距。

广西作为中国西部省份，经济发展一直比较滞后，但随着“中国—东盟”“一带一路”等的推出，广西在全国的地位越来越重要。广西壮族自治区人民政府于 2018 年 9 月正式发布《广西数字经济发展规划（2018—2025 年）》，到 2025 年，全区发展形成具有较强核心竞争力的数字经济生态体系，带动实体经济实现大幅跃升，国际影响力显著增强，成为面向东盟的数字经济合作发展的新高地和“一带一路”数字经济开放合作的重要门户。企事业单位和政府部门的数字化转型是数字经济发展的必然选择，财务转型是基础，而 XBRL 作为财务数据的基本标准，有助于实现监管部门数据的互联互通，推动广西企业的数字化转型。本书选择广西未实施 XBRL 的 280 家企业作为研究对象，并让财务部门负责人和会计人员填写 XBRL 推广意愿问卷调查表，从人员素质角度研究影响 XBRL 推广意愿的因素和机制，为会计工作的主管部门广西财政厅提供建议，力争在广西企业中全面推进 XBRL 的应用，在全国起到引领和示范作用。本书研究成果也将提供给财政部，供其决策参考，为 XBRL 在中国的全面推广做出贡献。

在这样的背景下，以 XBRL 推广企业和推广人员为研究对象，基于人力资源理论、需求理论和激励理论等，调查分析 XBRL 推广意愿的现状和问题，通过全新的理论模型分析 XBRL 推广意愿的影响因素与影响机制，在理论上丰富了会计信息化、人力资源与心理学的相关理论。在实践上可以为提升 XBRL 推广意愿，克服推广中的问题提供支撑，同时可以促进企业与行业会计信息化的发展，也有助于提升政府管理信息化水平，具有十分重要的意义和价值。

本书主要包括以下五个部分：一是对 XBRL 影响因素和影响机制的理论分析；二是 XBRL 推广意愿调查分析，通过调查 280 家企业，最终获得 124 份有效问卷，在此基础上进行统计分析；三是对 XBRL 推广意愿的影响因素进行分析，先对 XBRL 的推广意愿进行评价，然后综合采用多元回归、分位数回归分析业务素质、信息素质、文化素质、物质期望、精神期望对 XBRL 推广意愿的影响；四是 XBRL 推广意愿的影响机制研究，重点分析了文化素质、业务素质、信息素质的关系，以及这三个因素与物质期望、精神期望的关系，然后构建了“素质—期望—推广意愿”结构方程模型并进行实证；五是得出研究结论并提出相关政策建议。

本书研究发现，XBRL 推广难度大，动力机制不足；企业性质、规模、关联公司数量不会影响 XBRL 推广意愿；企业应用财务软件年数较长的 XBRL 推广意愿较低；会计从业人员文化素质正向影响其信息素质与业务素质；会计从业人员文化素质与 XBRL 推广意愿无关；会计从业人员业务素质与 XBRL 推广意愿无关；会计从业人员精神期望正向影响 XBRL 推广意愿；XBRL 推广意愿较低的企业精神期望的弹性更高；会计从业人员物质期望对 XBRL 推广意愿影响轻微；会计从业人员信息素质通过精神期望中介作用对 XBRL 推广意愿产生正向影响；XBRL 推广意愿对企业会计从业人员自身素质具有正反馈作用。

在以上研究的基础上，本书提出以下政策建议：全面推广 XBRL 应用；及时升级企业财务软件；注重提高财务人员文化素质；在 XBRL 业务层面积极与外部合作；加强对员工实施 XBRL 的精神激励；强化对 XBRL 推广的领导工作；积极对员工进行 XBRL 培训，提升员工自身素质。

本书在选题与研究方法上有所创新。在选题上，以人力资源管理中的需求理论、素质理论与心理学中的激励理论等为支撑，将 XBRL 的推广意愿作为研究对象，研究推广意愿的影响因素与影响机制，相关领域前人的研究极为有限。在研究方法上，综合采用问卷调查法、CRITIC 赋权法、TOPSIS 评价法、多元回归、分位数回归与结构方程模型进行研究，提高了研究的系统性与稳健性。后续研究将在不同地区 XBRL 推广意愿的异质性、XBRL 试点企业实施效果及其影响因素与影响机制等领域展开，以丰富现有的研究。

在本书研究过程中，我国会计信息化领域以及数理统计方面的专家给予了悉心指导，在此特别感谢刘勤教授（上海国家会计学院党委副书记兼纪委书记、副院长，博士生导师，中国会计学会会计信息化专业委员会主任委员）、俞立平教授（浙江工商大学博士生导师）、广西壮族自治区会计管理处的领导；感谢李彦庆博士（桂林电子科技大学信息科技学院管理系财务管理教研室主任）的大力支持；感谢我所带领的硕士研究生李逸、付梦然、曾梓杉、李青阳。

李立成

2020 年 1 月 31 日于桂林

Contents

目录

第 1 章
引　言

1.1　XBRL 概述

1.1.1　XBRL 的产生背景

当今是一个信息技术飞速发展的时代，信息化日趋成为世界发展的主题和大趋势，也日渐成为推动社会经济不断发展的重要力量。计算机之间的共享资源变成了一个包罗万象的资源空间（Debreceny et al.，2002），许多传统产业由于信息化正在面临空前的变革。

中国一直非常注重建设信息社会，坚持把信息化建设放在首要位置，会计信息化是其中一个重要的组成部分。目前中国的信息化建设涉及企业信息化、农业信息化、城市信息化等领域，各行各业都呈现着信息化的浪潮。当然，信息技术也为会计行业带来了革新，会计信息化的发展提升了会计行业的工作效率，缩减了会计信息交流的成本，促进会计信息资源的共享（Reimsbach and Daniel，2014）。同时，会计信息化作为企业信息化的核心，在信息化快速发展的今天所占据的重要地位不言而喻。

财务报告是获知企业关键经营状况、资金周转情况、股本等的重要信息文件，其数字化、信息化同等重要。随着科技的进步以及公司规模的提高，财务报告的使用者对其时效性、成本方面的要求也更高，传统的纸质报表已无法满足这些多样化的要求，电子格式的财务报告便应运而生。电子格式（pdf、word、excel、html 等）的财务报告一经问世便凭借其成本低、信息量大、时效性高的优势迅速占领了半壁江山，成为财务报告使用者和报送者最满意的应用格式。

电子格式财务报告的使用给使用者和报送者带来便利的同时，也带来了格式标准不一、转换困难、捕捉信息效率不高效等问题，制约了其进一步发展。在大数据时代，报告的使用者和报送者不可能只用同一种系统操作，为便于日常的工作交流，必须在不同的系统间交换电子财务报告，这便造成了同样的报告要做成不同电子格式的情况（Richardson et al.，2010）。在制作过程中往往要进行重复不断的录入、审核工作，不仅浪费了时间成本，也给工作人员造成了沉重的负担，同时还增加了数据录入的错误程度。而随着科技的进步，电子格式财务报告应用范围也在不断扩大，使用者数量越来越多，这也导致格式交换的要求越来越多，浪费的人力、物力、时间也不断增加。

电子格式财务报告标准必须统一。上述问题的产生主要在于电子格式的财务报告本质仍是要求使用者即人来识别和查看，而非计算机。由于计算机本身不能识别这些不同格式的财务报告，因此就需要人工将同一系列数据录入成不同的电子格式，以便于不同的信息系统进行处理，因而不停浪费资源的问题就不可避免。在这样的环境下，开发一种可以使计算机“看懂”的财务报告格式变得愈加关键（Debreceny et al.，2010；Setijono et al.，2012；Tarmidi and Roni，2014），这就要求必须将财务报告涵盖的相关会计内容和数据能够与计算机语言完美融合，这样计算机才可以处理财务报告的信息，让其结果可在不同的信息系统间进行处理，大大方便了使用者查看。在这样的构想下，便有了 XBRL 这种技术语言的诞生。

1.1.2 XBRL 的概念

可扩展商业报告语言（eXtensible business reporting language，XBRL）最

早于 1998 年由美国华盛顿州的注册会计师查尔斯·霍夫曼提出初步构想，他意识到以一种全球通用的数据语言——可扩展标记语言（XML）是解决当前数据无法快速共享的关键（Alles and Michael，2009）。XML 是由万维网联盟（W3C）于 1998 年正式批准设立的，它可以对数据和文档按照特定的规则进行自定义标记，且这种标记是计算机能够读懂的，这就使得数据能够无障碍地在各个使用者之间进行转换，为数据交换的瓶颈期带来了突破（Shan and Troshani，2014）。

霍夫曼提出用 XML 解决财务数据无法互通的情况之后，会计领域的权威人士便在积极地探寻基于该技术编制财务报表的可能性（Alles and Michael，2009）。2000 年 7 月 31 日，在美国注册会计师协会以及各个公司的努力下，终于发布了第一个正式标准，即 XBRL。因此，XBRL 实际上是 XML 在财务会计领域的应用，它使用计算机能够“读懂”的语言编制财务报告，实现了编制者与使用者之间的无障碍转换，同时，使用者并不需要掌握其中的计算机代码，整个过程均有强大的计算机系统进行处理，处理过后，软件将会以代码按照平常的报告格式给出，使用起来方便快捷。目前 XBRL 的应用领域已经不仅局限在财务报告的应用上，也扩展到了纳税申报、证券监管甚至政府部门的政务处理等方方面面的领域，如今已真正成为国际通用的会计信息化数据标准语言。

1.1.3 XBRL 的优势

XBRL 与其他电子格式的财务报告语言最大的不同在于，它能够以计算机认知的语言“描述”这些不同的会计概念，从而达到使计算机自动处理数据的目的，节省了大量的人力物力资源，提升了信息处理效率和信息质量，可以说 XBRL 在这方面的强大优势也是它可以在全球范围内达到广泛应用的主要原因。具体来说，XBRL 在财会领域的优势主要体现在以下三个方面。

1.1.3.1 确立了世界范围内统一的财务报告标准

XBRL 的原理便是按照统一的理念和会计概念与计算机语言之间统一的关

系来实现计算机对财务报告相关数据和语义处理的。XBRL 借助标签链接可以定义不同语言下的标签，避免了不同语言环境下的交流障碍（Williams et al.，2006）。同时，自其诞生以来，全球主要的准则制定机构便开始纷纷确立符合各个行业会计准则的 XBRL 分类标准，不同的报告主体编制的财务报告能够在全球范围内无障碍地使用，真正实现了财务报告的标准化。

1.1.3.2 实现了财务报告真正意义上的共享

XBRL 的起源便是 XML，因而其本质就是一种标记语言，所以它具有跨平台的特性。不同于原来格式的数据需要依赖指定的信息系统，XBRL 可以不依赖于任何表格、应用系统、操作系统以及网络类型，实现了报表格式与内容的分离。正是由于 XBRL 可以在不同系统平台使用的特性，使得这种格式的数据可以做到在不同信息体之间的数据转换和共享。

1.1.3.3 提升了财务信息处理效率

原先传统电子格式的 XBRL 在不同主体之间转换时需要人工再进行一次数据的重复录入工作，这就大大增加了财务信息的错误率，同时还造成了人力和物力等社会资源的浪费。而 XBRL 的使用实现了数据来源的唯一性，同时数据的处理由能力强大的计算机自动完成，大幅降低了处理财务数据过程中人员的参与度，也就大幅降低了出错率，同时 XBRL 的验证软件也可以进一步确保数据的可靠性，大大提升了财务信息的处理效率（Debreceny et al.，2005）。XBRL 是动态的，因为 XBRL 中发布的数据可以直接从公司的内部会计系统生成。同时，XBRL 提供了灵活性，因为可以使用不同的分类法，从而便于根据各种会计准则生成财务报告。随着 XBRL 报告供应链的实施，实时会计数据的可能性成为现实（Amin et al.，2017）。

1.2 国内 XBRL 推广现状

早在 2000 年初，财政部就已预测到 XBRL 会对会计变革产生翻天覆地的影响，因而在当时力邀会计准则委员会及 XBRL 相关专家来华给予相关推广建议。在此之后，财政部便开始加大对 XBRL 的研究力度，并于 2002 年初见成效，取得许多成果。在财政部的积极引导下，2004 年证监会开始采用 XBRL 技术对上市公司披露的信息实行监管，推行了上交所、深交所的 XBRL Pilot Project（肖蕊和谭雅静，2010）。一直到如今，XBRL 的推广工作仍在如火如荼地进行，并在相当一部分领域和机构得到了试应用。

1.2.1 财政部

财政部作为 XBRL 推广工作的主要牵头者，一直在这一过程中占据着重要地位。财政部开发的 XBRL 财务报送系统，主要应用于报送以及接收和监管单位之间，囊括了实例文档的报送、检查、数据分析能力。财政部目前主要以“先中央后地方，先大型后中型”的原则逐步推进 XBRL 的应用工作。从推行的 XBRL 相关条例方面来说，2010 年，第 21 届国际 XBRL 大会上，国家标准化管理委员会和财政部发布了通用分类标准，统一了各个企业机构编制 XBRL 财务报告的规范和标准。2010 年 12 月，财政部又颁布了《关于实施企业会计准则通用分类标准的通知》，要求中石油等 13 家企业和立信会计师事务所等 12 家事务所开展 XBRL 的首批实施工作，云南省财政厅也主动申请云天化股份有限公司和昆明机床股份有限公司两家企业加入试点行列。其后，2011 年，财政部相继针对证监会等具体行业发布了《关于企业会计准则通用分类标准实施若干事项的通知》《石油和天然气行业扩展分类标准》《银行监管报表扩展分类标准》等，逐步扩大 XBRL 的适用领域。从应用财政部 XBRL 系统的规模来看，2011 年只有 25 家企业到 2014 年的 240 家企业是通过财政部的 XBRL 财务报送系统进行报送的，短短 3 年时间，推广进度十分迅速，此后，实施范围也在逐年扩展。

1.2.2 证监会

证监会结合中国实际情况并在 2002 年制定的《上市公司信息披露电子化

规范》中提出了上市公司如何披露 XBRL 信息的解决方法。其中，上交所是第一个正式应用 XBRL 的机构，经过 2003 年的开展准备以及 2004 年各个报表的实际应用，于 2005 年认证通过了第一个经 XBRL 国际组织认证的中国分类标准，此后，每一个在上交所上市的公司都必须报送 XBRL 格式的财务报告。紧随其后，2005 年深交所也开展试点工作，在其交易网站开始披露试点公司的 XBRL 财务报告。中国两大证券交易所对 XBRL 的采用也标志着该项技术将对中国各大上市公司的信息处理产生巨大的变革。

1.2.2.1 上交所

上海证券交易所不仅是中国第一个正式开展 XBRL 工作的机构，同时，它于 2005 年 5 月成为中国首次获批 XBRL 国际组织会员的单位。目前，在上交所上市的所有公司均被要求披露 XBRL 格式的财务年报，为中国 XBRL 的推广工作迈出了一大步。上交所为报告的使用者提供了基于 XBRL 实例文档的互联网工具，不仅节约了上交所的成本，还大大提高了按需获取信息的投资者的使用效率。使用者可通过简单的操作快速查询到所需上市公司最近 4 年的财务报告和实例文档，这些信息主要包括公司基本概况、主要财务指标、公司资本结构、资产负债表、利润表、现金流量表、应收应付账款情况表、扣除非经常性损益项目和金额、利润分配情况等方面，真正地实现了信息的共享无障碍，减轻了使用负担。同时，使用上交所 XBRL 系统不仅可以对获取的公司数据进行不同年份的纵向比较，还可以将其与其他行业、其他公司甚至其他国度的数据进行横向对比，大大增加了信息的可比性。

1.2.2.2 深交所

深交所紧跟上交所的步伐，随后也大范围地将 XBRL 技术应用于上市公司的信息披露工作中。2003 年，深交所专门对 XBRL 与上市公司信息披露标准的研究成立了专项小组，对一些报表内容进行了新的界定，提前解决一些专项问题，便于以后推广工作的顺利开展。经过 2004 年对上市公司信息披露 XBRL 标准的实施，深交所于 2005 年 1 月建立了基于 XBRL 的上市公司财务报告制作系统，并于同年 2 月选取部分上市公司作为试点展开披露工作。

2007 年，应国外使用者的需求，深交所在原先的系统上加入了英文命名，正式上线了含有国际语言的 XBRL 上报系统。深交所同上交所一样，也提供了公司的资产负债表、利润及利润分配表、现金流量表和资本结构表等数据，而且还提供了 4 个偿债能力指标、2 个盈利能力指标、3 个经营能力指标以及 2 个资本构成指标，与上交所不同的是，深交所可以展示最近 5 年的上述信息，同样为信息的使用者带来了极大的便利。

1.2.3 国资委

国资委为提高其监管效率也制定了《国资委财务监管报表 XBRL 扩展分类标准》，以适应本身的监管工作需求。该标准对于通用分类标准中已有的概念直接引用，而对于财务报表中特有的、通用分类标准中未给出明确定义的概念，国资委分类标准重新分类和定义。2014 年国资委以此分类标准为基准要求 13 家央企报送 XBRL 格式的 2013 年度公司的财务报告实例文档，文档内容主要包括财务决算报表（含会计主附表、财务情况表）、会计报表附注、财务决算专项说明、财务情况说明书等。财务信息化建设是提升监管水平的重要举措，通过构建国资委的 XBRL 上报平台，解决了传统监管模式下的信息不对称问题，实现了国有资产管理业务活动操作流程的标准化，推进了电子政务的流程化，提升了国资委处理政务的效率。同时上报的央企也可以利用此平台对公司的经营过程实施管控，实现企业资源的最优配置。

1.2.4 银行业

银行业的信息化发展速度一直走在行业前列，与信息化相结合的管理系统是该行业的核心竞争力，因此，在 XBRL 技术兴起的时代，银行业金融机构自然会抓住此次机遇。2011 年，银监会便已经根据财政部发布的《企业会计准则通用分类标准》并结合当时银行的非现场监管的报表要求制定了专门针对银行等金融机构的《银行监管报表可扩展商业报告语言扩展分类标准》。2012 年 4 月，有 18 家银行业进入了试点工作，并提交了满足编报要求且质量较高的 XBRL 财务报告。这 18 家银行涵盖了中国全部的上市商业银行，因而极具代表性，其中，工商银行、中国银行、农业银行、交通银行和建设银行这 5 家大型国有商业银行均参与了本次试点工作，除此之外，还有 8 家股份制银行和 4 家典型的城市商业银行参与试点。值得一提的是，中石油昆仑银行虽然建成时间不长，但它根据中石油的 XBRL 工作实践重新构建了基于其自身实际运作情况的 XBRL 上报系统，形成一套完整的昆仑银行扩展标准体系。XBRL 在银行业中的具体应用主要包括数据报送、数据核实、数据存储、数据分析以及审计评估五个方面。

虽然 XBRL 能够大幅度地解决银行业的数据交换、披露等问题，改善银行业的信息质量，但由于目前中国对该项技术的应用仍处于摸索阶段，在推广工作中难免会有问题出现。银行业目前的推广工作便存在企业推广积极性不够、实施成本过高、相关人才空缺以及分类标准难以确认、缺少应用软件和数据转换机制等问题。

1.2.5 典型企业

XBRL 在中国发展至今，已有相当一部分企业取得显著的成效，实施范围也从初期的大型央企扩展到如今的地方大中型企业，甚至一些中小企业也搭上了时代的便车。中国石油天然气集团有限公司（以下简称“中石油”）作为第一批使用 XBRL 进行信息披露的试点企业之一，同时荣获财政部颁发的“企业会计准则通用分类标准实施卓越贡献奖”和“企业会计准则通用分类标准示范单位”两项殊荣，是毫无争议的 XBRL 推广工作的典型应用案例。中石油在应用初期，应财政部要求，成立了 XBRL 专项小组，同时还聘请了外来专业技术人员做指导，为日后 XBRL 的应用打下了扎实的基础。2007 年，中石油在上交所上市，因而必须遵循上交所要求利用内嵌在企业 ERP 系统中的 XBRL 软件进行财务数据的上报。但由于难以在短期内做到公司系统与 XBRL 的完美融合，因此，此时的 XBRL 系统仍存在不少问题，由此中石油于 2009 年与财政部一起修订了针对石油和天然气行业的会计准则通用分类标准，此后该公司也在分类标准上不断地改进和完善。此外，中石油在未来工作中还计划将 XBRL 普及到财务管理的应用中，提升公司的财务管理水平，同时，也促进公司整体的信息化发展。

但中石油终归是第一批试点单位，且 XBRL 进入国内时间不长，发展并不成熟，因而中石油在 XBRL 的推广中还存在一些问题。例如由于 XBRL 系统中的元数据还是要依靠手工录入，并不能保证信息的正确率从而导致信息披露不准确、不完善、数据质量不高等问题。同时，由于 XBRL 是基于互联网进行信息共享的，在安全防范措施并不完善的情况下，初建的 XBRL 系统存在较大的安全隐患。

综合目前的推广现状来看，中国推广进度虽然较为迅速，但 XBRL 毕竟是新生事物，在中国的应用还处于推广初期，相关的条例无法在短期内涵盖所有机构及企业的相关领域，未制定分类标准的行业仍需采用其他电子格式的财务报告，无法直接使用 XBRL 技术完成信息的披露。同时，XBRL 在证券行业的应用也有待完善，目前通过上交所和深交所所能获取到的信息只涵盖了 200 余家，且每次只能查询至多 5 家公司的信息，可以说，无论从推广的广度还是深度来看，都还有很大的改进空间。

1.3 推广过程中存在的问题

（1）XBRL 工作规范尚未完善。在 XBRL 引入伊始，中国大多是基于国外已有的分类标准制定政策，依据国外的成功应用经验对国内各个机构进行试点研究，而国内在这方面的研究近乎空白，相关基础工作规范也不完善。目前国内已有的 XBRL 相关的规范文件主要是证监会于 2005 年发布的《上市公司信息披露电子化规范》，但这一规范只定义了工业行业的财务报表科目，针对的是信息披露，对于信息的生成方式及其他方面则没有统一的规定。除此之外，虽然财政部也颁布了《基于企业会计准则的可扩展商业报告语言通用分类标准》，但就目前的实施效果及分类标准来看，公司实务、报表信息及会计规范之间存在不小的差异，因此，XBRL 基础规范工作还有待完善。

（2）推广范围狭窄。XBRL 于 2003 年在国内起步，对于 XBRL 的推广还处于研究与摸索阶段，推广进度也较为缓慢，尤其是推广覆盖面过于狭窄。目前，XBRL 的推广主要以证券金融领域为主，同时涉及一些行政机构，同国外相比，在审计、税务以及中小型企业的推广程度较为欠缺。

（3）财务软件功能限制了 XBRL 的推广。目前国内大部分软件公司所设计的财务软件只能满足企业的财务核算工作需求，无法实现与 XBRL 的对接，严重影响了 XBRL 的推广速度。因此，企业只能与专门的 XBRL 软件公司进行合作，但国内符合 XBRL 规范认证的软件公司为数不多且这些公司的要价高昂，企业不得不为了引进 XBRL 技术而花费价格不菲的购置及服务费用。且企业的软件大多连接的是局域网，更新和升级速度较慢，对 XBRL 的即时应用产生了障碍。

（4）内部驱动力不足。虽然财政部和各省财政厅均为 XBRL 的推广工作投入了大量的人力和物力，但效果并不显著。XBRL 的施行除去必要的购置成本外，还需要保障在整个披露过程中的传输速度与安全性，但由于国内并没有建立统一标准的数据平台，导致企业无法快速查询到所需信息，也无法解决重复报送问题，这也是造成国内实施单位整体推广主动性不高的主要原因。

（5）缺少相关咨询服务。XBRL 格式的财务报告是会计信息化领域的重大变革，作为财务报告报送过程的主要参与者，各大会计师事务所本应顺应时代潮流，走在信息化时代的前端，帮助企业解决推广过程中遇到的困惑。但目前国内的会计师事务所并不能跟进 XBRL 相关知识，无法为企业提供这方面的咨询服务，企业“有病无处医”，问题难以得到及时解决，限制了 XBRL 的推广速度。

1.4 研究意义

XBRL 在中国的推广工作中存在推广覆盖面狭窄、推广进度缓慢等问题，这其中有很多因素在制约其推广进度。本书基于人力资源理论、需求理论和激励理论，从 XBRL 推广意愿的影响因素及其异质性和影响机制方面进行了深入的探讨，并就研究所得的问题与结论对 XBRL 目前的推广工作提供了建议，以期为今后推广工作的顺利开展提供理论和实际支持，从而推进其推广进度。

1.4.1 理论意义

本书基于人力资源理论的素质理论、需求理论以及激励理论，对 XBRL 推广意愿的影响因素和影响机制进行研究，构建了一套全新的理论模型，丰富了会计信息化、人力资源与心理学的相关理论。

1.4.2 实践意义

（1）提升 XBRL 推广意愿，为克服推广中的问题提供支撑。通过对 XBRL 的推广调查，可以发现 XBRL 推广过程中企业和人员方面存在的问题，并分析这些问题的成因。针对这些问题提出具体的优化建议，可以提升 XBRL 推广意愿，优化工作的效率，进一步推进 XBRL 的推广工作进度。

（2）促进企业与行业会计信息化的发展。XBRL 作为新型的信息技术，它不仅可以给财务领域带来变革，提升企业的信息化水平，对其他业务活动的影响也产生了不可磨灭的作用。因此，研究 XBRL 的推广意愿及其影响机制情况，不仅是推动企业会计信息化建设、提高管理效率，受益的还有教育、审计及资本行业等领域，极大地加快了整个社会的信息化进程，缩小了与国际信息化水平的差距。

（3）有助于提升政府管理信息化水平。XBRL 的广泛应用可以缩短处理政务信息的时间，简化处理流程、降低政府开支。同时，在政府组织内部以及各组织间应用 XBRL，有效地提升了政府会计透明度。因此，加快 XBRL 的推广进程可以使相关行政部门极大地受益。

1.5 研究方法

1.5.1 文献法

文献法，是指通过对历史文献的收集、整理和分析之后达到对所研究问题全面了解的方法。由于其具备历史性、灵活性、继承性和创新性的优势，文献法一直是最基础和应用最广泛的研究方法。该种方法的应用非常普遍，主要包括收集国内外有关报刊、收集各种信息公报、收集各种组织提供的交流信息、收集国内外各种学术性会议的文件和资料、收集研究机构、高等学府发表的学术论文和调查报告等方面。现如今对此方法的应用主要是在选定课题方向或课题后，根据实际需求对涉及该问题的相关文献进行检索，然后根据自己对课题的理解和研究点精简文献的范围开始检索。基本步骤包括文献收集、摘录信息和文献分析三个环节。

1.5.2 问卷调查法

问卷调查法是目前社会调查中应用较为广泛的一种方法。问卷调查法是指研究者为所研究的问题设计调查所用的、以设问的方式表述问题的表格，然后发放给调查对象从而收集到可靠资料的一种方法。问卷调查法大多采用邮寄、个别分送或集体分发、网络发送等多种方式发放问卷。问卷调查法的主要优点在于费时少、成本低、样本量大，更加便于数据的计量。一般来讲，问卷的构建首先是要阐明问题，以便被调查者可以根据自身理解准确无误地给出答案。其次结合对实际情况的了解选择调查对象。同时问卷的设计要求规范化并可计量。最后在叙述问卷调查结果时，要说明问卷的样本数、回收有效率以及对各项问题答案的描述统计等。

本书采用问卷调查法从企业的基本情况、对 XBRL 推广的看法、推广意愿、推广的方式、推广困难等方面对未实施 XBRL 企业进行抽样调查，同时通过对问卷结果的分析，试图发现推广过程中存在的问题，从而采取相应的应对措施。

1.5.3 CRITIC 赋权法

CRITIC 赋权法（criteria importance though intercrieria correlation）是由迪

亚库拉于1995年提出的一种客观权重赋权法。它的基本思路是以对比强度和评价指标之间的冲突性为基础。对比强度借鉴的是标准离差法的思想，它表示同一指标各个决策方案取值差距的大小，即各个方案之间的标准差，标准化差的大小表明了在同一指标内各个方案的取值差距大小。标准差越大，其蕴含的信息量就越大。评价指标之间的冲突性是以指标之间的相关性系数为基础，如两个指标之间具有较强相关性，说明两个指标之间的冲突性较低。

本书利用CRITIC赋权法对推广意愿、文化素质、信息素质、业务素质、精神期望的相关二级指标进行客观赋权，便于之后对各指标的综合得分进行计算。

1.5.4 TOPSIS综合评价法

TOPSIS评价法（technique for order preference by similarity to ideal solution）又称为逼近理想解的排序法，它是由黄和尹（Hwang and Yoon，1981）提出，根据各被评估对象与理想解和负理想解之间的距离来排列对象的优劣次序。该方法的基本原理是，基于标准化的数据矩阵，采用余弦法找出有限方案的最优解和最劣解，然后通过检测评价对象与最优解和最劣解之间的距离来进行排序，获得各评价对象与最优方案的接近程度，以此作为评价依据。若评价对象最靠近最优解同时又远离最劣解，则为最好；否则为最差。该方法是用于有多个目标而决策方案有限的一种常用分析方法，使用灵活简便，广泛应用于多种评价领域。

本书利用TOPSIS评价法对企业会计从业人员各项指标的综合得分与XBRL推广意愿的得分进行计算，为后续计量分析打好基础。

1.5.5 多元回归分析法

多元回归分析（multiple regression analysis）是指建立一个因变量与其他

两个或多个自变量之间线性或非线性数学模型关系式并利用样本数据进行分析的统计方法。该方法主要适用于影响因变量因素有多个的情形。它的应用层面主要有以下三类：确定几个特定的变量之间是否存在相关关系，若存在，建立它们之间合适的数学表达式；根据已知变量的值，预测另一个变量的取值，并且可以知道这种预测的精确度区间；确定自变量的显著程度。在对于共同影响一个因变量的许多自变量之间，可以排列出这些自变量对于因变量的影响程度高低并且可以判断这些因素间的关系。

本书利用多元回归分析 XBRL 推广意愿的影响因素，从而找出关键的影响因素，为后续政策建议研究打下基础。

1.5.6 结构方程建模法

结构方程模型（structural equation modeling，SEM）是针对回归分析的变量只能可测、难以处理多重共线性等缺点而研发出来并得到广泛应用的方法。在社科领域研究中尤其是在收集数据时采用的是问卷法的情况下，它是一种较好的数据分析方法。结构方程模型是一种综合运用多元回归分析、路径分析和因子分析方法来估计和检验一个或多个自变量与一个或多个因变量之间关系的方法。模型中既包含可直接观测的显变量，也包含不能直接观察的潜变量。结构方程模型通常以路径图的形式呈现，路径图主要包含测量模型和结构模型两个部分，两者密不可分。测量模型描述的是显变量和潜变量之间的关系，结构模型描述的则是潜变量之间的关系。

本书利用结构方程模型对 XBRL 推广意愿的影响机制进行分析，从而从理论上总结 XBRL 推广意愿的影响机制，也为后续政策建议提供支持。

1.6 技术路线

本书的技术路线图如图 1 - 1 所示。

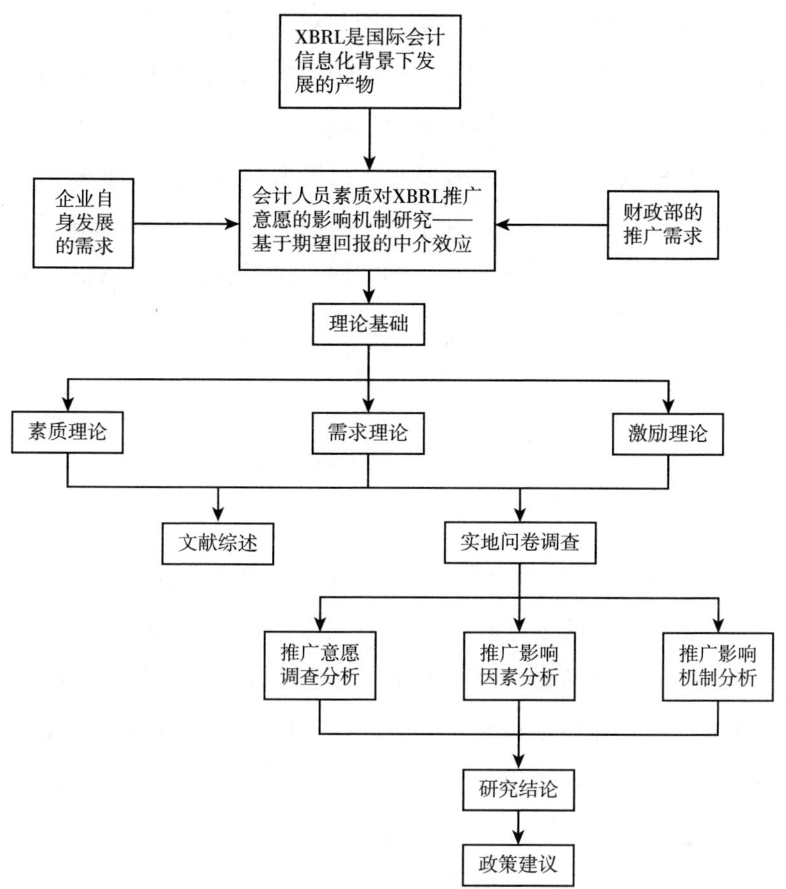

图1-1 本书技术路线

1.7 创新之处

（1）选题创新。本书的创新之处在于，以人力资源管理中的需求理论、素质理论与心理学中的激励理论等为支撑，将XBRL的推广意愿作为研究对象，分析XBRL在推广过程中存在的问题，研究推广意愿的影响因素与影响机制，这方面均是全新的研究，选题有所创新。

（2）方法创新。本书综合采用问卷调查法、CRITIC赋权法、TOPSIS评价法、多元回归、分位数回归与结构方程模型对XBRL推广意愿的影响因素和影响机制进行研究，提高了研究的系统性与稳健性，研究方法有所创新。首先，本书采取问卷调查法对企业的 XBRL 推广意愿基本情况进行调查；其次，采用 CRITIC 赋权法和 TOPSIS 评价法对 XBRL 的推广意愿及相关影响因素进行评价；再次，根据评价得分采用多元回归模型从多因素角度分析各影响因素对推广意愿的影响程度，并采用分位数回归研究不同阶段影响因素对推广意愿的作用大小；最后，借助结构方程模型探讨了各因素与 XBRL 推广意愿的影响机制。

1.8 本书结构

本书共分七章，系统地介绍了企业对 XBRL 的基本推广意愿，并且从影响因素、内在影响机制两个方面对 XBRL 的推广意愿进行研究。

第 1 章引言。本章简要介绍了 XBRL 的基础知识，主要包括其产生背景、概念及其优势，同时详尽地梳理了 XBRL 在中国的推广现状并提出了本书的研究意义、研究内容、研究方法、技术路线以及创新点，然后介绍了本书的基本篇章结构。

第 2 章文献综述。本章对历年国内外有关 XBRL 的经典文献进行了回顾总结，首先是 XBRL 的定义及优势、推广历程、影响因素等；其次是 XBRL 在全球各国应用中存在的问题及学者们为解决不足提出的建议；最后是关于需求理论及激励理论对企业员工工作意愿的影响研究，并从素质方面探讨员工工作的影响因素。

第 3 章理论基础与影响机制。本章对 XBRL 影响机制及影响因素的相关理论进行了梳理和分析，界定了素质及其分类，着重介绍了业务素质、信息素质及文化素质的内涵与影响，指出生理素质的基础性地位以及其他各素质之间的相互关系。同时选取了人力资源理论下属的素质理论以及心理学角度的需求理论与激励理论作为本书的理论基础，在需求理论、激励理论的支撑下深入剖析各类人员素质对 XBRL 的影响与作用机制。

第 4 章 XBRL 推广意愿调查分析。本章主要针对企业推广 XBRL 意愿情况的调查问卷进行了统计分析，包括问卷调查背景及XBRL推广现状，问卷调查的目的、问卷设计及调查对象基本情况，以及XBRL推广意愿的基本情况、驱动力及推广问题方面的结果分析。同时结合目前XBRL的推广现状，分析目前XBRL在推广过程中出现的一些问题，对XBRL的推广意愿有一个概括性的分析。

第5章XBRL推广意愿评价与影响因素分析。本章首先分析了XBRL推广意愿的可能影响因素，并建立了XBRL推广意愿评价指标体系，包括一些影响因素的评价指标体系，借助CRITIC赋权法对评价指标的权重进行赋权，继而通过TOPSIS评价法计算指标的综合得分。其次采用独立样本t检验分析XBRL推广意愿的异质性，并通过回归分析、分位数回归研究XBRL推广意愿的影响因素。

第6章XBRL推广意愿影响机制研究。本章主要探讨会计从业人员的哪些因素会影响企业的XBRL推广意愿，并进一步研究了XBRL推广意愿对会计从业人员素质提升的影响。本章在对XBRL推广意愿的影响机制进行理论分析的基础上，提出研究假设。然后建立XBRL推广意愿影响机制的结构方程模型，并基于调查问卷数据对该模型进行检验。

第7章结论与政策建议。总结了第4~6章的研究结论，并提出了相关政策及建议，为加快XBRL的推广进程提供支持。在本书末尾，针对本书研究进行总结，并对今后的工作提出了研究展望。

第 2 章 文献综述

本章对 XBRL 推广的相关文献综述进行系统的梳理，主要包括 XBRL 的定义及其优势；XBRL 的发展历程；XBRL 的应用现状及应用过程中存在的问题；XBRL 应用的影响因素；需求、激励与信息化以及 XBRL 应用的政策建议。

2.1 XBRL 的推广

XBRL 于 1998 年在美国注册会计师协会（AICPA）的主持下开始使用。XBRL 建立在 XML 之上，用于报告领域。一段时间后，XBRL 国际组织成立，以协调进一步发展这一开放标准。1999 年，12 家公司成为 XBRL 的创始成员。目前，全世界有 600 多个组织和 30 多个国家参与了其发展和推广（Robb et al.，2016）。与在 Web 服务中使用 XML 不同，XBRL 是面向报告的，而不是面向事务的，这样就可以向下钻取信息，甚至可以传输完整的数据库（Gomaa et al.，2011）。XBRL 旨在促进信息链中的报告交换，包括公私信息交换。XBRL 的基本思想是允许将报告事实与报告元数据分离（Efendi et al.，2014；Sunder，2016）。林尼路克等（Linnenluecke et al.，2009）研究表明，美国投资者在外国公司沟通的过程中存在信息劣势或心理距离问题。且他们试图通过提供更清晰和更具体的信息披露来降低这种现象，在这种环境下，

XBRL 应运而生。

2004 年，美国证券交易委员会开始采取初步行动，逐步通过其电子数据收集和检索（EDGAR）门户网站推出由上市公司创建的 XBRL 报告。鼓励各公司参与 SEC 的自愿申报计划（VFP）。自愿计划的一个主要目的是测试使用 XBRL 的好处，并协助 SEC 评估在更广泛的基础上使用 XBRL 标记数据的可行性和可取性。在广泛的公众咨询过程之后，委员会于 2009 年 4 月投票通过了一项强制性计划，将自愿计划替换为登记个人财务报表的 XBRL 版本（SEC，2009）。同时，委员会要求共同基金和评级机构提交 XBRL 文件（Debreceny et al.，2010）。SEC 已要求所有上市公司在 2011 年开始提供 XBRL 标记的季度报告（Debreceny and Farewell，2010）。为了使委员会、申报人、服务和基础设施提供商获得 XBRL 的经验，SEC 实施了一项自愿申报计划（Debreceny et al.，2005；Grabski et al.，2011）。其他国家也有类似的计划，例如英国，成千上万的公司在 XBRL 上提交它们的文件，在 2011 年成为强制性要求。在亚洲，XBRL 迫使中国、日本、新加坡和韩国使用 XBRL。澳大利亚、荷兰和新西兰政府已承诺将 XBRL 作为财务报告标准所列努力的一部分，以减轻公司合规的负担，XBRL 也被欧洲监管机构采纳为标准（Hall et al.，2005）。

2004 年 6 月，上证所开始应用 XBRL，预示着 XBRL 在国内证券业的广阔发展前景。中国于 2008 年 10 月正式加入 XBRL 国际组织。林华（2007）认为，XBRL 还可应用于教育与医疗、职业培训、环境保护和城市改造等方面。李为（2009）对 XBRL 应用现状进行了进一步概括，到 2005 年，沪深所有的上市公司已实现了将 XBRL 应用于定期报告，XBRL 使监督上市公司的人群范围扩大。肖蕊和谭雅静（2010）认为，中国 XBRL 应用已从分类标准制定阶段转入系统建设阶段。曾乐和杨健（2011）认为，目前国内的 XBRL 主要应用于证券监管领域。黄长胤和张天西（2011）以“公司自愿扩展的元素总数”为变量进行泊松回归分析，得出不同行业间自愿性信息披露程度不同，且高技术行业自愿程度高，高竞争行业程度较低。黄长胤和吴忠生（2011）以及袁放建和冯琪（2013）在之前的研究上进一步得出公司规模与自愿披露程度成正比，且国有企业、负债高和代理成本低的企业都自愿程度高。且公司盈利能力不影响 XBRL 的使用。赵现明（2012）从实例文档认定、信息标准的扩散及对资本市场的影响三个方面对往年文献进行了总结性回顾并认为以后国内研究应采用针对性的研究方法。余良宇和张天西（2014）运用数学建模的方法论证了国际会计准则趋同与 XBRL 技术推广是相互促进的。乔鹏程（2017）认为，应用 XBRL 对中国在“一带一路”倡议下进行的国际沟通有重要价值。

不同学者对于 XBRL 的发展领域有不同的见解。佩尔达纳等（Perdana et al.，2019）分析发现，XBRL 在社交媒体中的论述主要围绕着 XBRL 信息的传播，以提高潜在使用者的意识（即理论化），并正确使用 XBRL。桑德尔（Sunder，2016）认为财务报告在改进的过程中应该综合考虑监管、社会规范和市场竞争三个方面。马蒂娜（Martina，2009）运用文献映射技术对《社会科学引文索引》中的四种会计期刊进行映射后发现国际会计准则、会计披露等将作为未来的研究重心。继潘琰（2003）率先提出之后，陈文铭等（2011）也提出了可以将 XBRL 应用在财务报告和企业内部报表的编制、使用、纳税、对外公布企业信息以及文档资料的保存等领域。曲吉林等（2005）在对 XBRL 的应用范围方面，他们将其具体地划分为六个领域：对于企业管理层面，XBRL 实现了部门间信息共享；对于证券管理层面，XBRL 使公司信息更易获取和研究；对于金融层面，XBRL 则主要受益于预测财务走向和风险预警；对于政府部门，也便于对各企业财务报表分析汇总，例如潘琰（2003）提出的纳税申报；对于审计机构，应用 XBRL 也提高了审计效率；投资者可更快速准确地对各企业数据进行判断。林华（2006）揭示了财务报告主要历经的阶段：主要是从最开始 16 世纪的财务状况表（即资产负债表）到 19 世纪的财务成果表（即损益表）再到现代财务报告的流动资金表（即现金流量表）最后到如今开始广泛推行的第四表——XBRL。同时也指出了 XBRL 目前的应用范围。

2.2 XBRL 的定义及优势

2.2.1 XBRL 的定义

XBRL 是一种基于 XML 产生的计算机语言。作为一种开放的基于标准的报告语言，XBRL 允许公司以标准化的机器可读格式以电子方式报告和交换财务和非财务信息。它可以促进组织供应链各个部分的报告流程，处理以不同语言和会计标准呈现的数据，并适应不同用户的需求，被广泛用于简化软件程序之间的财务报表、绩效报告、会计记录和其他财务信息流（Arndt et al.，2007；Tang，2012）。潘琰（2003）最早将 XBRL 定义为是 XML（元标记语言）在企业报告领域中的应用，林华（2006）在这个基础上又做了补充，认为 XBRL 是 XML 在财务报告交换信息和提取领域的一种应用。杨海峰（2004）进一步将 XBRL 定义为是专门用于财务报告编制的计算机语言，便于以后对财务报告的编制、监管。赵慧芳等（2005）、高锦萍和张天西（2006）将 XBRL 的定义进一步进行补充，指出它是一种由 XBRL 国际组织开发而成，以 XML 为基础的免费、开放且可使多方受益的标准。李富玲和卢振波（2006）对 XBRL 给出了比较完备的定义：XBRL 是 XML 在商业报告信息交换的一种应用，也是非结构化信息处理尤其是财务信息处理的最新应用。刘勤（2006）定义 XBRL 是一种在网络环境下披露企业信息的标准化语言。林华（2007）认为 XBRL 是一种国际通行的会计主体财务报告语言。

XBRL 的基本前提是能够通过对每个事实应用数据标记，统称 XBRL 分类法。XBRL 分类法是对财务报表和其他业务报告文档内容的描述和分类系统，它不仅定义了个别的报告概念，还定义了概念之间的关系（Spohr et al.，2012；Trucco，2015）。从而与信息消费者共享财务信息，标记将元数据包装在报告中（Debreceny and Farewell，2010；Taylor and Dzuranin，2010）。XBRL 使财务报表的编制者能够通过“标记”XBRL 启用的软件可以读取的“标记”内容，将更全面的上下文信息添加到各个数据项中，从而实现对这些数据的自动解释和按项汇总或逐项使用（Debreceny et al.，2002）。XBRL 文档是通过使用代码标记财务报表信息来创建的，以使数据计算机具有可读性和可搜索性（Janssen and Tan，2014；Janssen et al.，2013；Plumlee，2008；Troshani et al.，2015；Vipoopinyo，2013）。所有财务数据都附在标签上，以区分资产、负债、资本、利润等。因此，用户可以很容易地找到带有标签的数据，提取或转换数据，并使用分析应用程序分析数据（Boritz，2005）。

2.2.2 XBRL 的优势

XBRL 提高了信息沟通效率。市场效率和社会经济主体之间信息流动的优势源自其灵活性、完整性和速度的特点。XBRL 可用于在不同的计算机平台和软件应用程序之间准备和交换财务数据（Dinh and Piot，2014；Dyer et al.，2016；Locke et al.，2015；Troshani et al.，2015）。它可以解决与效率、准确性和透明度相关的当前业务和财务报告问题（Liu，2013；Locke et al.，2015；Troshani et al.，2015）。这些问题源于当前缺乏互换性的财务报告格式（Debreceny et al.，2005；Debreceny et al.，2010；Lovec，2016），需要广泛、劳动密集、耗时且容易出错的数据处理干预措施（Buys，2008）。它们还存在固有的不透明性，限制了它们促进遵守审计和企业责任立法的能力（Debreceny et al.，2005；Debreceny，2010；Liu et al. 2014）。XBRL 是动态的，因为 XBRL 中发布的数据可以直接从公司的内部会计系统生成。同时，XBRL 提供了灵活性，因为可以使用不同的分类法，从而便于根据各种会计准则生成财务报告。随着 XBRL 报告供应链的实施，实时会计数据的可能性可能成为现实（Altman，2002）。XBRL 是一种基于 Internet 的语言，专门为适应财务报告而设计。它以丰富的上下文格式提供数据，可以轻松下载到分析软件中，例如电子表格或交互式数据查看器中。XBRL 有望促进信息披露过程，并向用户和监管机构传播信息（Bagnoli et al.，2014；Hodge et al.，2004）。XBRL 有望使财务信息的编制者受益，XBRL 预计将促进实时报告、持续审计以及快速和通用的业务信息准备，以促进可靠和准确的数据报告（Dunne et al.，2013；Efendi et al.，2016；Gerdes，2003；Pinsker and Li，2008；Van Loon et al.，2018）。

XBRL 的应用显著改善了公司的信息不对称。当财务报告在投资决策中发挥更大作用时，信息不对称的改善尤为明显。（Farewell and Debreceny，2012）。金等（Kim et al.，2012）研究表明 XBRL 增加了企业对可比业绩信息的访问。陈等（Chen et al.，2016）研究发现，在强制采用 XBRL 后，信息不对称显著减少，这反映在 PEAD 显著下降，而在国有企业中，信息不对称的减少比非国有企业更为显著。

XBRL 的应用提高了公司财务信息的质量。XBRL 被视为企业透明度的重要推动者（Du and Zhou，2012；Elam et al.，2012）。XBRL 通过提高企业财务报表信息的透明度和管理者报告信息的选择来帮助财务报表用户。（Faboyede et al.，2017）。XBRL 通过提高财务信息的质量从而提高决策的质量、增强财务信息的独特性，在为所有利益相关者（分析师、审计师、机构等）服务方面发挥关键作用（Kaya and Pronobis，2016）。王（Wang，2015）对超过 1000 份的 XBRL 和非 XBRL 格式的财务报告进行评估后发现，采用 XBRL 格式后，财务报告的连贯性和可访问性质量得到了很大的改善，但同时在这些报告中也存在准确性不高的问题。赵现明和张天西（2010）运用事件分析和回归分析法，得出 XBRL 确实可使财务信息含量有效果，但不显著。王琳和龚昕（2012）通过对沪深两市上市公司的回归分析，得出 XBRL 确实在一定程度提升了会计信息的质量。

XBRL 提高了企业会计和财务报告效率。作为一种不断发展的网络财务报告信息技术（Dong et al.，2017），XBRL 为构建全球标准提供了最大的希望，该标准旨在提高企业财务电子通信的准确性、可靠性、效率、可访问性和可用性，提供了更高的相关性、可靠性、可比性、透明度、及时性、标准化以及降低报告和合规成本的前景（Bartley et al.，2011；Gomaa et al.，2011；Graves et al.，2019；Vipoopinyo and Zhou，2013）。搜索 XBRL 标记的信息通常也比通过其他相关技术进行搜索要少一些人工工作（Agostinho et al.，2012；Bartley et al.，2010；Giannetti et al.，2011），XBRL 可以很容易地在各种系统之间交换数据（Beerbaum，2016；Blankespoor et al.，2014；Fisher and Naylor，2016；Hodge et al.，2004；Pinsker and Li，2008）。XBRL 将简化内部和外部财务报表的编制。它将提高公司向投资者、监管机构、分析师和贷款人公布金融信息的能力。为方便以透明可靠的方式收集和共享财务信息，数据标记似乎是对财务报告的逻辑增强（Taylor and Dzuranin，2010）。XBRL 可以简化业务信息的准备、分析和交换。与手动流程相比，XBRL 可以减少数据收集和报告生成所需的时间和工作量。此外，因为由于 XBRL 的标准化性质，金融数据用户（包括投资者、债权人、分析师、金融机构和监管机构）

可以比传统的 PDF、HTML 或 Word 文档更快、更高效地分析和比较 XBRL 实例文档（Wang et al.，2011）。

XBRL 的应用可以使公司降低成本、节约时间。XBRL 不仅可以减少用户的分析准备时间和成本，还可以让用户轻松地比较不同组织的 XBRL 标记数据。XBRL 提供了行业成本节约、竞争优势、风险管理，它的实施将极大地影响投资者报告和金融借贷的过程，这些流程将被简化和标准化，从而考虑到由于节省时间而降低成本和提高生产力。（AICPA，2009；Berridge and Robinson，2016）。但是，刘等（Liu et al.，2014）研究发现，由于 XBRL 技术的不确定性，增加了交易成本和在早期采用期间的资本成本。也同时预示着今后的研究应过多关注如何解决 XBRL 这项新技术的不确定性，从而实现其价值。XBRL 通过降低准备、发布和分析信息的成本，提高业务决策的有效性，允许实时报告和更深入的分析功能，减少人为错误的范围以及通过增强可比性提高可访问性和易用性（Pinsker and Li，2008；SEC，2009）。皮斯克和李（Pinsker and Li，2008）采访了加拿大、德国、南非和美国参与 XBRL 采用的四位业务经理，以调查 XBRL 采用的好处和成本。他们发现，采用 XBRL 后，非美国公司降低了运营成本，美国公司实现了更高效的营销。XBRL 文件的编制者中已经发现了积极的影响。XBRL 可以使一些公司的簿记人员减少 30%，并极大地减少生成财务报表所需的时间，XBRL 的使用将外部报告流程的成本和时间减少了 20% 以上（Winne et al.，2011）。

XBRL 有望为投资者、审计师、分析师和监管者等信息用户带来好处。巴特利特等（Bartley et al.，2010）指出，XBRL 有潜力通过最小化转录成本和与公司定期归档的实时评估相关的后勤挑战来提高财务信息的速度和可用性。通过减少数据收集的时间（现在可以使用 XBRL 格式的数据实现自动化），贷款人可以更有效地对其风险进行定价和监控（Wang et al.，2014）。由于 XBRL 标签比以往任何时候都更容易搜索财务报表（Bhattacharya et al.，2018；Ilias and Ghani，2015）。XBRL 将使分析师更容易识别表现最佳的股票，让高管监控竞争对手，让监管机构更容易识别潜在的利润、财务数据问题。XBRL 也可以提高金融信息的质量，从而提高金融决策者对信息的理解和随后的决策能力（Gil-Garcia et al.，2007）。启用 XBRL 的搜索引擎的用户更容易获得与决策相关的信息，从而导致不同的投资决策（Wang，2015）。XBRL 应用程序允许资本市场信息用户获得更多“民主化”信息：XBRL 提供了一个完全自动化的过程，换句话说，如果投资者需要分析数据，只需点击鼠标。由以上所述可知，信息使用者平等地获取数据并对其进行处理，这使得金融信息“民主化”成为可能（Boritz et al.，2012）。

XBRL 的使用增加了公司股东的收益。陈等（Chen et al.，2017）研究得出采用 XBRL 的企业股东的预期净收益增加，说明股东可从中获益。王和森（Wang and Seng，2013）采用 XBRL 与外国机构投资者持有的股份正相关，且采用 XBRL 可以减少国有企业和非国有企业在外国机构投资者持有的非流通股方面的差异。

XBRL 还有助于政府协调内部管理活动。应用 XBRL 不仅可以提高效率，还可以降低决策不确定性，提高决策有效性（Boritz and Timoshenko，2014）。XBRL 通过消除不兼容的报告格式来降低从企业获取和分析信息的成本（Bozanic et al.，2017）。库尔等（Kloos et al.，2013）的研究表明，XBRL 在协调政府内部活动和联邦机构之间的平衡、改进合并财务报表和改进企业对政府报告方面也与联邦财务管理有关。此外，XBRL 等先进技术通过使用灵活的销售税系统，保持了税收管辖区实现经济目标以及解决州和地方政府特殊情况的能力（Griffin and Cahan，2014）。因此，支持者认为 XBRL 有益于金融信息供应链的所有成员。潘琰（2003）指出 XBRL 具有可及性、通用性、开放性、准确性以及效益性的优势；曲吉林等（2005）、高锦萍和张天西（2006）、姜彤彤和吴修国（2008）、李争争等（2013）在此基础上又补充了跨平台性、数据可跟踪性以及多语种技术且无须改变现存的会计规则，同时具有标准化的优点。张天西和高锦萍（2007）认为 XBRL 是独立的技术平台。秦晓霞和席鹏（2008）提出 XBRL 的信息使用者可以自上而下考察数据，可以向下挖掘，这可以保证数据的准确性。吕志明（2009）认为应用 XBRL 可以改善会计信息质量。李国正和陈江涛（2010）还指出应用 XBRL 可以极大地提高财务信息编制者和使用者的参与性以及数据展示上的方便性。曾乐和杨建（2011）在前述基础上还补充了 XBRL 语义性和无歧义性的优势。杨敏（2013）认为应用 XBRL 还实现了部门协同。

2.3 XBRL 的应用领域

2.3.1 XBRL 在企业信息化方面的应用

XBRL 在企业制定决策中应用广泛。XBRL 有益于管理人员在企业的会计信息流程中作出投资决策（Boritz et al.，2014）。李闻一等（2016）提出，可以将 XBRL 作为管理决策、防范风险和配置资源等工作的支撑。

XBRL 在企业自动化信息收集和整合过程中发挥了重要作用。XBRL 提供的通用标准化格式使应用程序能够无缝地共享和处理数据，由于公司需要使用称为 XBRL 的交互式数据格式提供财务报表，用户可以直接从公司或监管网站提取 XBRL 标记的数据（AICPA，2009；Buys，2008；D'Souza et al.，2010）。XBRL 有潜力帮助降低公司治理报告的复杂性，信息消费者可以自动填充其分析引擎，而无须重新键入或人工干预（Debreceny and Farewell，2010）。应用 XBRL 可以使年度财务报告的披露数量增加、样板文件减少、可比性增加。而且随着财务报告的改进，这些公司的经济增速也加快（Mancini et al.，2013）。在采用 XBRL 之后，小型企业在信息获取和处理的速度方面相对大型企业处于劣势（Nelson and Tayler，2007）。通过在不同的业务信息系统和软件之间实现直接通信，XBRL Web 服务消除了手工准备任务的需要，为信息的使用，特别是分析留下了更多的时间（Taylor and Dzuranin，2010）。沈颖玲（2004）、邵敬浩（2012）认为，应用 XBRL 主要可以提高处理财务信息的效率，可以很快合并与分解，可依据不同利益相关者提供不同的财务报告。而且可以准确计算现金流量的数据，且大大提高了各种报告格式的转换速度，这些方面大大推动了经济全球化的进程。王淑霞（2016）提出 XBRL 可以在会计信息实现的会计账簿标准化、会计报表格式标准化、会计软件接口标准化以及归档标准化中广泛应用且起到很大的积极作用。

另外，德夫里米等（Devrimi et al.，2013）研究美国借款人的贷款样本发现，采用XBRL与降低贷款利差有关，且对于使用更标准化XBRL标签的公司，贷款利差更低，而对于使用更多扩展元素的公司，贷款利差更大。徐经长等（2014）以营业资本周转率为指标，研究得出将XBRL广泛应用于公司经营层面会带来不错的效果。

2.3.2 XBRL在审计方面的应用

XBRL的相关研究考虑其在实例文档创建过程中发挥的潜在保证作用。挖掘如何使用XBRL实例文档和相关的渲染软件来简化它们的分析审查过程（Gerdes，2003）。拉和凯塞里奥（La and Caserio，2013）认为审计专业人员应该积极参与XBRL数字格式。虽然这项研究的结果不能得到扩展，也不能被认为是广泛适用的，但可以提供一些结论，以便更好地了解XBRL审计的未来前景，尤其是在中小企业是主要公司类型的国家。在这方面，审计师的参与将允许非上市公司创建可提交给独立审计师以供核实的个人延期，这样的个人扩展可以让非上市公司从XBRL中获益。审计人员需要考虑对XBRL实例文档提供整体保证；尤其是在内部开发的情况下判断分类法是否正确、XBRL实例文档是否正确标记；确保标记数据的完整性、样式表的准确性和完整性，以实现正确的信息输出（Plumlee，2008）。

XBRL会对审计流程产生影响。如果启用XBRL的业务供应链成为现实，审计过程中也必须从“通过纸质文件对会计系统进行人工审计，实现电子数据交换、无纸化系统的在线、连续电子审计”（Alexandre，2010）。这一变化的影响是巨大的，因为持续审计将使审计师“更快、更有效地测试客户交易和数据的更大样本”（高达100%）。贝克曼等（Beckman et al.，2016）研究发现，采用XBRL可以通过降低商业信息供应链的审计成本促进审计，且规模越大的公司该效应越明显。计算机辅助审计系统降低了审计过程的复杂性和劳动强度（Bartley et al.，2011）。在客户方面，对成本和允许四处购物的互联网和移动技术的日益重视增加了对审计费用的压力（Liao et al.，2009）。

另外，李富玲和卢振波（2007）认为XBRL对审计的影响主要体现在审计工作和审计人员上。张天西和高锦萍（2007）、秦晓霞和席鹏（2008）认为，XBRL 扩大了审计的鉴证职能、提高了审计速度和准确度、促进了审计的网络化，对实现实时信息的连续审计有很大意义，但同时也提高了审计工作的风险和成本。并且张天西和高锦萍进一步提出了 XBRL 在审计领域的扩展——XARL，它通过公认的鉴证程序和安全技术加强网络信息的可靠性。吕志明（2011）认为，应用 XBRL 实现了语义和语法功能，使得审计系统可自动执行功能，为动态审计的实现提供了可能。

2.3.3 XBRL 在证券市场方面的应用

XBRL 能够应用于利益相关者的决策过程中。由于资本市场研究是一个非常活跃的会计领域，XBRL 在提高信息质量、降低信息风险和不对称性等方面的作用将会影响股票市场和投资者的行为（Debreceny et al.，2010；Srivastava and Liu，2012）。预计 XBRL 报告将帮助信息消费者（例如投资者、分析师、研究人员和增值信息中介机构）在信息供应链中进行决策。XBRL 对市场的民主化至关重要。有关管理或并购重大变化的持续信息流对利益相关者很重要，有助于市场交流（Debreceny et al.，2005；Pinsker and Li，2008；Richardson and Tunaa，2010）。

XBRL 对证券市场信息不对称风险具有影响。当定期报告首次包含收益信息时将发生重大的价格和数量反应。金（Kim，2012）调查了强制 XBRL 披露对一般和不确定信息环境中的信息风险和信息不对称的影响，在整个研究过程中，XBRL 的披露被证明可以降低信息风险。XBRL 披露同时可以降低市场上的信息风险，尤其是在信息环境中不确定性增加的情况下。郑济孝（2015）采用自相关系数检验、Q 统计量法检验以及 Wild Bootstrap 自动方差比检验了 XBRL 对 7 个基金指数的影响，表明应用 XBRL 对基金市场会产生巨大影响。

XBRL 在证券市场信息交换中应用广泛。XBRL 的支持者声称，交互式数据使分析师、投资者、监管机构和任何相关方更容易获得和分析财务信息。据说它还帮助自动化监管文件和业务信息处理（SEC，2009）。XBRL 有望通过消除昂贵的手工流程和标准化财务披露（尤其是详细标记）来提高数据分析的准确性和效率。XBRL 标记数据的提高效率也可以转化为无摩擦的信息流，并在资本市场中为获取、整合和组合财务信息以作出更明智的投资决策的用户进行传播（Hodge et al.，2004；XBRL. US，2009）。刘等（Liu et al.，2014）的实证结果表明强制采用 XBRL 可能会提高财务报告信息的可访问性和可用性，从而帮助分析师作出预测决策，而且对 XBRL 的授权和分析师跟踪之间的关联度对于第一阶段的文件归档人来说也更大。埃芬迪等（Efendi et al.，2011）通过对盈利报告、HTML 文件和 XBRL 文件的季度回报差异比较之后发现 XBRL 文件比 HTML 文件具有更大的相对信息值，说明 XBRL 报告格式提供了增量信息内容。

2.3.4 XBRL 在政府管理方面的应用

XBRL 可应用于政府信息收集过程。德布勒森（Debreceny，2005）提出，通过 XBRL 的应用，监管者不必重新输入信息或花费资源来处理因其自身信息技术平台与其管辖范围内的业务不兼容而产生的问题。詹森和谭（Janssen and Tan，2014）研究分析得出公司和公共组织都需要创建一组功能来实现 XBRL 的充分利用。监管机构可以在不久的将来访问实时会计信息，而不是只按季度提供财务报告数据，例如典型的季度报告。XBRL 是提高透明度以及提高资本市场效率的关键组成部分，使监管者更容易监管各种公司和其他组织（Debreceny and Farewell，2010）。维波平尼（Vipoopinyo，2013）提出 XBRL 有望为财务报告供应链中的所有利益相关者创造许多好处。金等（Kim et al.，2012）从成本节约或数据效率方面研究了 XBRL 使用对所有相关资本市场参与者和监管机构的潜在意义。XBRL 可应用于公共部门理解采用过程、识别技术基础设施、强调组织准备的重要性和环境对采用过程影响的过程中。该框架还可以帮助政府决策者通过识别与采用电子政务项目相关的关键问题和潜在挑战，为电子政务的未来制订适当的战略行动计划（Kim，2012）。

XBRL 在政务处理方面的应用也体现在多个方面。潘琰（2003）、林华（2007）、高锦萍和付景林（2010）认为，XBRL 在政府层面的应用主要体现在纳税方面，且可供监管者对市场信息进行监督。胡仁昱和刘一洋（2006）

认为 XBRL 主要是公共信息，它的应用主要体现在社会效益的提高，是服务于市场经济的。李富玲和卢振波（2007）利用美国联邦金融机构检查委员会（FFIEC）的案例研究认为，在推行电子政务阶段，XBRL 被广泛应用，且可以缩短处理政务信息的时间，简化处理流程、降低政府开支。高锦萍和付景林（2010）认为 XBRL 可以有效整合财务呈报的流程，且其中的关键问题是制定纳税报表分类标准。要实现企业与税务机关的数据交换，需制定 XBRL 账簿分类标准（XBRLGL）。吴忠生和刘勤（2015）认为应用 XBRL 会受到市场竞争的影响，政府行为会对企业的竞争特性产生影响，可推动 XBRL 广泛应用。

2.4 XBRL 应用中的问题

（1）XBRL 的应用增加了不确定性和风险性，在应用中错误频发。鲍里茨等（Boritz and No，2005）在 SEC 的自愿归档程序中发现 2/3 的 XBRL 实例文件包含不一致和错误。鲍里茨等（Boritz and No，2009）在 XBRL 呈现的文档中发现了几个问题区域，例如冗余元素、不一致的标签、缺少总数和拼写错误。巴特利等（Bartley et al.，2011）检查 2006 财年和 2008 财年美国自愿申报计划（VFP）中 XBRL 表格 10-K 文件中的错误，发现随着时间推移 XBRL 文件中的错误减少，但在 VFP 第三年中仍然存在错误。德布勒森等（2010）在 2009 年 9 月 1 日之前检查 SEC XBRL 文件，以发现美国 XBRL 文件样本中每个文件平均有 1.8 个错误，其中每个文件的中位错误为 910 万美元，最大错误超过 70 亿美元。与 XBRL 相关的高度变化和困难会产生不确定性和风险（Liu et al.，2017）。最近对 XBRL 早期采用的研究表明，XBRL 作为一种未经验证的技术，尚未得到很好的调整（Liu et al.，2014）。在信息准备者和组织能够对 XBRL 采用有更强的准备之前，XBRL 声明必须减少错误的发生（Van，2018）。刘勤（2006）对当时 XBRL 的应用提出了四个问题：应用 XBRL 是否可以使信息交换更加流畅；应用 XBRL 是否真地方便了跨行业、跨国度对多家公司进行对比；XBRL 是否真的经济和高效；XBRL 是否适合用于内部信息系统的信息表现形式。张天西和高锦萍（2007）认为 XBRL 不能保证保证分类标准被恰当使用，而且 XBRL 的标记可能被误用，XBRL 文档也容易被创建和篡改。高锦萍和彭晓峰（2008）指出 XBRL 财务报告分类标准中的报表附注信息元素与上市公司财务报告实务存在一定差异。李为（2009）认为目前最大的问题是行政层面没有组织和规划而且两交易所标准不一致。聂萍和周戴（2011）发现 XBRL 网络财务报告示范服务平台的呈报质量欠佳。何芹（2011）研究发现 XBRL 报告存在报表项目漏报、错报、顺序排列错误、金额错报、漏报、金额符号错误以及合计金额错误等问题。以及随后聂萍等（2013）发现，基本元素标记的缺失是最容易的错误。

（2）XBRL 的应用需要花费高昂的成本。XBRL 规范正由一个全球非营利组织制定，目前仍在进行一些变更，这些变更需要花费高昂的成本重新开发，并破坏正常的报告流程（Nelson，2007）。企业的行业、销售和库存状况等固有特征对财务报表格式的选择起着重要作用，因此，XBRL 设计中财务报表格式的选择应具有一定的灵活性。这种灵活性降低了用于信息处理和评估的文档的可比性，并增加了搜索成本（Van et al.，2018）。吕志明（2009）、邵敬浩（2012）认为，XBRL 转换成本昂贵，且相关配套要求高，同时中国很多企业会计信息生成和应用观念未发生改变。

（3）XBRL 在应用中存在技术方面的问题。由于原始 XBRL 数据不适用于人类消费，因而与 XBRL 相关的易用性必须源自支持 XBRL 的分析和分析软件。为了让主流用户从 XBRL 中受益，必须开发易于使用的应用程序（Van et al.，2018）。陈潇怡和欧阳电平（2014）通过问卷调查的方法发现 XBRL 编制和校验软件不易用，企业对 XBRL 的投入与效益不足以对应。高锦萍等（2016）研究得出，XBRL 的复杂性、兼容性、相对优势、对技术的认知以及企业环境的模仿性压力是影响 XBRL 广泛应用的关键性问题，而技术的培训和环境压力并不构成显著障碍。

（4）XBRL 操作复杂。许多 XBRL 软件包使用起来困难且耗时，需要高水平的 XBRL 和会计知识（Janssen and Tan，2014）。未解决的技术问题和缺乏专业知识都会阻碍公司的准备，因为它们会增加创建 XBRL 文档时出错的风险（Debreceny et al.，2005；Bartley et al.，2010）。

（5）XBRL 分类标准并没有清晰的界定。尽管有证据表明 XBRL 实施过程中存在错误，但在世界各地的任何监管文件中均未规定对 XBRL 版本财务报表的独立保证（Boritz et al.，2012；Plumlee，2008）。财务报表上的证明目前不适用于创建 XBRL 文档的过程，因此，不清楚审计师或其他人在 XBRL 环境中提供保证时将使用什么标准（Plumlee，2008）。目前的 XBRL 指南只需要将基于 XBRL 的文档与文件归档相匹配，并且可能无法有效地将 XBRL 的采用从以纸张为中心转变为以数据为中心（Plumlee，2008）。潘琰（2003）提出 XBRL 存在目前标准制定的工作进展不快、应用软件少、相关外部环境缺乏支持等问题。林华（2007）、陈文铭等（2011）、潘琰和林炎滨（2012）、王淑霞（2014）、左文军（2016）指出应用 XBRL 必须要具备分类体系、规则书；应用程序；用以编制 XML 标记的财务报表；样式单；而且现如今企业报告交流平台尚未建成，还在试点阶段；国内缺乏专家和组织；企业管理信息化水平不高；企业存在成本的制约以及过度扩展分类问题。

2.5 XBRL 应用的影响因素

XBRL 的应用受到多种因素的影响，总结学者研究成果后体现为如下内容。

一是管理者的支持和参与。王（Wang，2015）研究了先前的信息系统，结果表明，高层管理的支持是采用和实施的最关键因素，并适用于我们的环境。同时，监管将大大刺激人们对 XBRL 的采用，它可能来自高层管理人员或公司的 IT 经理，这取决于公司文化、技术水平和其他因素。

二是利益相关者的参与。利益相关者需求的异质性和“不同行动者”需求的复杂性是广泛传播报告工具的潜在障碍。他们使用机构变革模型进行分析，重点关注 XBRL 传播中的关键参与者，并认为这些利益相关者之间的合作对于确保技术的成功发布至关重要。这些利益相关者既可以是内部人，如竞争对手，也可以是同一社交网络中的人，也可以是外部人，如利益相关者之间有联系的政府、监管机构和咨询/审计公司（Buys，2008）。这些接触的程度，或信息领域，以及利益相关者的接触可能会有很大的不同，这取决于存在机构关系的类型（Buys，2008）。局外人可能会强迫或推动传播，但需要说服局内人，在一些局内人作为传播者作出改变后，其他人模仿这些领导人，然后产生一种流行效应（Mancini et al.，2013）。因此，社会网络中的这些参与者需要共同努力，确保在所有利益相关者群体中成功传播（Troshani et al.，2015）。主要利益相关者群体似乎不希望XBRL成为强制性的，也不欢迎对XBRL使用的监管要求。有必要更好地了解这项技术，通过在包括政府机构在内的整个通信网络中传播积极的经验，以及更多的口头交流（Liao et al.，2009）。事实上，在美国，SEC的财务报告改进咨询委员会（2008）承认，尽管采用XBRL对企业和用户（包括散户投资者、市场建模者和研究分析师）有重大好处，但只有当监管者作为局外人参与进来时，利益才会开始被过滤。

三是公司的治理水平。公司的治理水平与公司自愿采用XBRL进行信号传递的决定之间存在显著关系。XBRL文件的早期采用者希望通过提高股价和市值来奖励他们在提高透明度方面所做的努力，将自己与落后者区分开来，并改进信贷机构评级评估（Hodge et al.，2004）。陈等（Chen et al.，2017）还强调了利益相关者参与在XBRL等技术的传播和实施中所起的关键作用；他们指出利益相关者需求的异质性和“不同行动者”需求的复杂性是广泛传播报告工具的潜在障碍。

四是数据和格式的质量。早期证据（Debreceny et al.，2010）表明，XBRL文件，包括早期采用者的文件，由于底层分类法的误用，容易出现分类错误。XBRL通过实现大量数据操作的自动化来增加价值。如果用户必须努力确定自动化系统是否正常运行，那么自动化的好处就会迎刃而解。如果XBRL要得到更广泛的应用，XBRL文件管理者必须熟练掌握正确的XBRL应用。在使用XBRL之前和不使用XBRL的情况下开发的专有数据操作软件是XBRL采用的另一个障碍。如果一个财务分析师已经使用一个自行开发的程序实现了对基于HTML或PDF的报表的自动操作，那么XBRL的增量实用性和易用性可能难以让该分析师察觉（Van et al.，2018）。

五是XBRL的实施方法。格罗弗（Grover，1996）讨论了受访者如何利用先前研究中考虑的因素决定将 XBRL 实施过程外包或内部外包。基于 XBRL 的财务报告成本分为两大类：有形和无形。有形成本包括基础设施成本、培训成本以及与计划、实施和支持 XBRL 报告要求相关的软件和人员成本。随着学习水平的提高和公司内部知识库的成熟，我们预计有形成本会下降。无形成本包括员工从正常工作职责转移到 XBRL 相关职责或将 XBRL 相关职责添加到当前工作负荷时可能造成的生产力损失（Debreceny et al.，2005）。正确的 XBRL 培训和学习对于正确实施 XBRL 和遵守 XBRL 分类法至关重要（Debreceny et al.，2005；Williams et al.，2006）。高层管理人员的支持也是至关重要的，因为它被发现是信息技术实施中最关键的因素（Chen et al.，2017）。对负责在美国实施 XBRL 的会计师的访谈表明，高层管理人员的承诺是必要的，以使 XBRL 与现有的财务报告流程保持一致，分配适当的资源，调整激励措施，并监控进展情况（Janssen and Tan，2014）。

六是 XBRL 报告过程的控制。詹森和谭（Janssen and Tan，2014）检查了早期采用者在开发 XBRL 报告过程内部控制方面的进展。数据和格式的质量是主要的限制因素。由于未解决的技术问题和缺乏知识/专业知识，组织准备程度有限，因此，大量使用 XBRL 都是由监管机构驱动的（Wang et al.，2014）。由于 XBRL 的利益，许多 XBRL 管辖区都表示有意允许向 XBRL 自愿提交商业财务信息，而比利时、智利、中国、丹麦、德国、印度、以色列、日本、卢森堡、新加坡、韩国、西班牙、英国和美国等 XBRL 管辖区则巩固了通过强制 XBRL 采用的意图。监管发展可能是未来 XBRL 扩散的唯一现实途径。由于全球金融危机，监管者可能需要处理更多的数据，并更具成本效益地处理这些数据；欧盟、伦敦证券交易所、CESR、IOSCO 或 IASB 等监管者和立法者都可能强迫利益相关者接受 XBRL（Dinh and Piot 2014）。

2.6 需求、激励对信息化的影响

员工绩效的提高源于需求满足而产生的激励作用，企业员工信息化水平的提高离不开需求与激励理论的应用。

首先，马斯洛需求层次理论是应用范围最为广泛的需求理论，主要用来分析企业员工的心理需求。该理论由美国著名心理学家马斯洛（Abraham Harold Maslow）所创建，他提出了“需求层级理论”这一重要代表观点，并且根据迫切程度将需求自下而上分为五个类别：生理需求、安全需求、社会需求、尊重需求、自我实现需求。梁军和何丽萍（2011）以马斯洛需求理论为基础分析个体的心理问题，发现人类会受到生理和心理需求的本能驱动且人在不同时期对不同需求的迫切程度也是不同的。张虹和杨海文（2013）运用马斯洛需求层次理论对科研创新管理中遇到的问题提出了解决方式。程玮（2014）提出，随着科技的进步和现代社会的发展，人们更加关注尊重需求和自我实现的需求，自尊和他尊、自我价值的提升越来越成为现在的个体广泛的追求。另外，袁永科和李昂（2017）将马斯洛需求理论用到研究区域的评价体系中，认为个体的需求变化会影响区域的发展，两者之间存在一定的内在逻辑性。霍振响（2018）以马斯洛需求理论为指导研究高校学报编辑与作者之间的关系，指出在双方工作关系中应实现关注个体的尊重需求、双向互助的自我实现需求和角色认同的归属感等多个层次的需求，才能加深双方的认同和信任感。

其次，激励理论在企业的信息化管理中也起到了重要的作用。激励理论可以分为内容型激励理论、过程型激励理论、状态型激励理论和综合型激励理论。其中，内容型激励理论主要包括层次需要理论、成就需要理论和双因素理论；过程型激励理论可分为期望理论、目标设置理论和强化理论；状态型激励理论包含公平理论、挫折理论；综合型激励理论主要有勒温早期提出的综合型激励理论以及波特尔、劳勒和豪斯提出的综合激励理论。

第一，激励机制的建立有利于提升企业信息化绩效。SRHRM 可以提高员工的组织公民行为（OCB），同时降低员工的任务绩效。因此，在激励员工时，管理者在企业绩效和社会绩效之间找到平衡点是非常重要的。无论是否提出外在激励措施，内在激励对绩效的重要性仍然存在；且当外在激励直接与绩效挂钩时，内在激励对绩效的重要性较小，而当外在激励间接与绩效挂钩时，内在激励更为重要。外在与内在激励不一定是对立的，最好同时考虑。同时他们也提出在今后的激励研究中也应当使用不同的绩效标准（例如幸福感、工作满意度）来衡量（Cerasoli et al.，2016）。伍尔夫和刘维特（Wulf and Lewthwaite，2016）研究发现，通过加强目标与行动的结合，动机和注意力因素的结合有助于员工绩效和学习。洪等（Hong et al.，2016）基于资源守恒理论以及工作需求资源模型，研究了工作需求和社会支持对员工内在激励的影响。结果表明，工作需求与员工的内在激励呈负相关，只有当主管的工具支持较强，同事的情绪或工具支持较弱时，工作需求和内在激励才是正相关的。李连祥和王宇飞（2010）指出在企业信息化的时代，员工的信息素质变得尤为重要。吴忠才（2002）提出人才的优势才是企业的优势，并从激励理论的角度探讨了调动员工积极性的方法。

第二，激励机制的制定要结合时代的需求与员工的实际情况。斯伯等（Sijbom et al.，2019）通过多层次分析发现，领导者的掌握方法目标与员工工作倦怠呈负相关，而领导者的绩效方法目标与员工的工作倦怠呈正相关。因此，为了减少工作倦怠，企业应将领导者的成就目标作为一个重要的背景因素。李连祥和王宇飞（2010）指出，在企业信息化的时代，员工的信息素质变得尤为重要。徐增新（2019）将激励机制的作用具体到制造行业，并从制度、考核、选拔以及实践四个方面提出了制造业企业管理应进行的创新举措。许贵庆等（2000）以科技人员为激励对象，分析了在高新技术形势下科技人员的激励机制与措施。谭卫东（2000）以保险公司为研究对象，提出了针对保险公司员工有效的激励机制。郝云宏（2000）不同于以往对企业员工的研究，而是选取公司另一个关键群体——企业家为研究对象。然后从制度激励、形式激励与激励形式三个角度入手对企业家的激励手段进行了深入的探讨。

第三，基于马斯洛需求层次理论制定激励决策有助于企业更好地管理员工。企业在制定激励理论中应认识到知识共享的组织能力是一个重要的战略，可以通过加强动力来获得竞争优势。周斌（2011）从马斯洛理论、期望理论和归因理论对员工的激励方面提出了很多的建议，例如，满足员工的主导和自我实现的需要；及时奖励员工；引导员工对他的行为正确归因。陈漫红（2010）结合马斯洛的需求层次理论，提出在人力资源的激励方面应做到满足员工的认知、尊重以及自我实现需求，才算达到“以人为本”的管理理念，才能保证员工与企业的共同发展。李修飞等（2013）提出由于如今个人更加注重荣誉感与自我价值的提升，因此，现在一些企业对员工的纯物质激励其实不是一种正确的做法，应从社会人和经纪人的双重准则共同制定企业的激励制度，才能更快地达到预期效果，提升企业的效益。赵玉华（2016）认为企业的发展最为关键的是它的人力资源战略，而激励机制是人力资源中最重要的环节。同时他也指出要根据个体间的差异来制定激励制度。蒋雪湘和胡久刚（2008）指出马斯洛需求层次理论对人力资源的管理方面有重要的指导作用，并从生理、安全、社会、尊重以及自我实现的需求方面对如何激励员工提出了一套机制。因此，企业应该注重对员工信息素质的培养以进一步扩展企业各个领域的信息化范围。

周等（Cho et al.，2019）基于成就目标理论，研究了工作需求、绩效导向和对员工激励的掌握取向之间的三方互动效应。研究发现，在高工作需求的情况下，当绩效和掌握取向都较高时，积极调节效应最强。该发现为两个目标取向之间的积极协同效应提供了有用的管理含义，企业管理者可以利用此研究结果克服员工过度的工作需求。赵公民和李欣（2008）、郝志华和王华（2011）分析了现有企业激励机制存在的各种弊端，并对此提出了一系列的改进措施。

此外，在企业信息化管理决策中应用人力资源理论也有利于提高员工绩效。里奇等（Rich et al.，2010）利用压力源评估理论对工作需求资源模型进行了深入的研究，结果表明，工作需求和员工工作倦怠呈正相关，而工作资源和员工倦怠呈负相关；员工倾向于认为是障碍的工作要求与其敬业度呈负相关，而员工倾向于是挑战的工作要求与其敬业度呈正相关。穆杜利（Muduli，2015）通过高性能工作系统（HPWSS）与组织绩效之间的关系，HPWSS与高绩效工作与组织绩效正相关，进而带来个人一般服务绩效的正向影响。这说明良好的组织环境有利于员工绩效的提升。

2.7 XBRL 应用建议

针对 XBRL 应用中呈现的不足，学者们提出以下建议。

第一，开展培训以提升业务人员的水平。德布勒森等（2010）认为，加强管理归档过程的 EDGAR 归档手册以及培训人员可以提升 XBRL 应用质量。刘玉廷（2010）、何芹（2011）认为，应推动通用分类标准的分步实施，加强推广应用 XBRL 的组织领导与协调，加强人才建设以及确保案例文档的报送，发展 XBRL 鉴证业务并且加强上市公司 XBRL 应用能力培训。

第二，政府部门作为 XBRL 推广工作的主要牵头者，应起到积极带头作用。杨周南等（2006）认为，应该建立中国的 XBRL 组织，制定相应的规范，加强理论和国际合作；XBRL 的应用主要依靠政府主导。续慧泓和杨周南（2015）提出，应由财政部主导，尽快制定基于 XBRL 的财政信息报告标准。高锦萍和潘煜（2017）指出，政府应当制定相关法律，建立披露数据标准。

第三，应尽快建立 XBRL 相关组织。吕志明（2009）、王淑霞（2014）、吴忠生和刘勤（2016）、左文军（2016）、乔鹏程（2017）建议，应密切关注 XBRL 的国际动向，尽快成立 XBRL 协会，加强 XBRL 的宣传，尽早设立 XBRL 项目基金。陈文铭等（2011）、杨敏（2012）、郑伟和季雨（2016）建议成立推广委员会，坚持遵循循序渐进的原则并且要注意网络安全，同时加强会计信息化对外交流。穆秀萍（2012）在分析了中国石油实施 XBRL 的案例后指出必须建立有效的项目组织以及科学的实施计划且保证项目有效实施。

第四，应改进 XBRL 相关软件并确保原始数据质量。巴特利等（Bartley et al.，2010）发现 XBRL 文件中的许多错误与提交经验不足有关。由于 XBRL 的好处基于准确可靠的业务报告，因此，研究人员认为应检查 XBRL 数据质量是否能够得到保证（Bartley et al.，2010；Boritz et al.，2009；Debreceny et al.，2010；Plumlee et al.，2008）。德布勒森等（2010）建议通过改进 XBRL

准备软件、改进SEC验证过程来消除大多数错误。肖蕊和谭雅静（2010）认为，应建立统一的资本市场XBRL数据中心，对上游数据分解且建立XBRL门户网站，提供应用平台。杨敏（2013）提出应建立部门间技术协调机制。聂萍等（2013）提出在XBRL应用过程中应加强对XBRL报告质量的人工校验以及编制流程的内部控制。吴忠生和刘勤（2016）、左文军（2016）认为，应积极制定XBRL分类标准，开发应用程序并且建立XBRL-GL/FR协同的网络财务报告体系。吴忠生和刘勤（2016）认为应当降低XBRL分类标准扩展率，确保XBRL数据的可靠性。陈宋生和罗少东（2016）提议，应当统一监管层面技术标准，加强企业应用XBRL力度而且要加强信息使用者对XBRL的了解。

2.8 文献述评

关于XBRL的定义及优势，学者们大多从技术层面展开解释。他们更多地突出XBRL作为从XML语言发展而来的渊源，并通过对财务数据进行标记来发挥作用，从而实现信息的自由交换、比较与格式转换。基于XBRL自身特征，其优势也展现出来，学者们从各个角度对其进行广泛研究，总体集中在对财务信息质量的提升与财务业务成本的降低上，一定程度上降低了信息不对称状况，对利益相关者的决策起到了良好的促进作用。

学者们对XBRL推广历程的研究十分详尽。从这些文献中可知，XBRL起源于美国注册会计师协会，并在财务领域迅速发展与推广开来。在促进企业实行自愿性披露后，美国证券交易所开始推行强制性制度促使上市公司以XBRL格式进行信息披露。随后，XBRL的应用风潮逐步在全世界范围内推行，受到广泛认可。现今已有600多个组织与国家加入其中，并不断加强对XBRL技术的发展，制定有针对性的政策从而努力实现数据的标准化与专业化。

国内外对XBRL的应用研究主要集中在公司的股东、财务报告、证券市场、审计层面以及政府方面。在这些领域，XBRL对它们有推动作用，同时也产生了一些问题，但是，总体上是利大于弊的。对这些问题的研究，便于更好地确定下一步的研究方向，以便更快地解决 XBRL 发展过程中的障碍，从而推进 XBRL 的广泛应用。

学者们对 XBRL 应用影响因素的研究大多将应用 XBRL 的出发点与会计信息的披露联系在一起。随着经济的发展与企业规模的扩大，传统格式的报表由于不同格式之间的局限越发不能满足信息使用者的需求，分析者为了对比与使用信息不得不进行大量重复的复制与粘贴工作，大大增加了时间与经济成本。而管理者的支持、实施推广方式、专业知识技能、监管控制等因素都被认为对 XBRL 的应用起到相应影响作用，即通过聚焦利益相关者进行研究。

总结学者对人力资源理论方面的研究，可以发现目前将企业信息化或者会计信息化与人员结合的研究很少，同时也缺少对人员素质的研究，因而对于此方面还有很大的研究空间。企业信息化以及会计信息化甚至细微到 XBRL 的应用与推广都离不开人员在这过程中所起的作用，只有将人员方面的理论研究到位，才能对 XBRL 下一步的推广以及优化应用工作做好铺垫。

学者们普遍认为，XBRL 应用中出现的问题主要来自技术与经验的不足，其自身尚处于发展阶段，应用企业也可能因缺乏知识而造成 XBRL 应用中会产生问题。

在对 XBRL 的相关文献进行梳理后，不难发现，近5年对 XBRL 的研究发展很快，发文量也有很大的提升，但是相关研究也有待进一步深化：（1）绝大部分的学者对于 XBRL 的研究集中在其应用层面，对于 XBRL 的推广意愿调查及相关评价、分析的研究极少。（2）目前有部分学者在针对 XBRL 应用的影响因素进行研究，而对其推广意愿的影响因素研究的极少。（3）XBRL 作为一项新技术的引进，其推广必然会与企业人员的各项素质有关，但立足于人员素质—期望—意愿研究 XBRL 影响机制的学者较少，因而对这方面的研究有待大量的补充。（4）针对 XBRL 应用相关的问题，学者们进行了广泛讨论，但对于解决问题的应对对策研究相对较少，也没有针对性地对解决方案的适用性与效果反馈进行观察与研究，因此，对于 XBRL 的推广还有待深入研究。

2.9 本章小结

本章系统性地梳理了中外学者关于 XBRL 的研究，主要涉及 XBRL 的定义及优势、推广历程、应用及应用中存在的问题、影响因素以及政策建议等方面，但是现有研究在 XBRL 推广意愿、信息化与人与素质的结合以及相关政策方面研究不足。XBRL 作为一种新的会计信息化应用手段，在作为发展中国家的中国如何进行更好的推广，有必要进行深入研究。

第 3 章
理论基础与影响机制

本章对 XBRL 影响机制及影响因素的相关理论进行梳理和分析。素质理论从组织发展的需要出发，以强化竞争力、提高实际业绩为目标，是一种独特的人力资源管理思维方式。需求理论、期望理论从心理学的角度出发对个人行为选择的动机作出解释，基于不同导致结果的可能性引导个人的行动方向，从而产生激励效果。本章界定了素质理论及其分类，着重介绍了业务素质、信息素质及文化素质的内涵与影响，指出生理素质的基础性地位以及其他各素质之间的相互关系。选取了人力资源理论下属的素质理论以及心理学角度的需求理论与激励理论作为本书的理论基础，在需求理论、激励理论的支撑下深入剖析各类人员素质对 XBRL 的影响与作用机制，进一步探讨了财务人员参与实施 XBRL 的影响因素。

3.1 素质理论

素质理论是人力资源管理中的重要理论，它从组织发展的角度出发，以强化企业的整体竞争力、提高员工实际业绩为目标。素质的要求因行业、职位不同而各异，因此，素质理论对企业的最大作用就在于通过个性化的运用对企业绩效产生正面影响。

素质是员工以既定水平的质量完成工作的基础，XBRL 作为一门新兴财务技术对实施人员的素质提出了更高的要求。不同的素质共同作用，使企业在提高 XBRL 财务报告的编制质量的同时对 XBRL 产生理解与认同感，从而自发地响应国家推广 XBRL 的任务要求，提升推广意愿。

“素质”一词被广泛应用于各个学科领域，并因所处学科不同而含义各异。起初“素质”多见于生理学和心理学领域，用来描述人的感觉器官及神经系统方面的特点，着眼于人在从事各种现实活动的状态及能力，是人的一种生理特质。但仅将“素质”解释为“遗传素质”是不够的，随着“素质”在各个领域的广泛应用，不同学者们给出了自己的解释。

20 世纪 70 年代，美国哈佛大学教授麦克莱兰（David McClelland）最早提出“素质”这一概念。麦克莱兰教授经过大量研究发现，仅通过测评传统的知识能力及学术能力并不能解释人在职场上的绩效能力，也不能预测其在未来是否成功，并且这种评价方式对于受教育程度较低的人群或弱势群体显得没有那么客观公平。随后，麦克莱兰带领他的研究小组，以杰出外交官及普通外交官作对照组，采用行为事件访谈法（behavioral event interview）进行信息收集，在一系列研究后，得出成功外交官所具备的超出普通人的要素。1973 年在论文《测量素质而非智力》中首次提出素质一词，并提出影响个人绩效的因素并非人们通常以为的智力、技能或经验，而是成功动机、人际理解、团队影响力等因素，他将这些特质概括为素质。

麦克莱兰同时将个体素质的表现形式进行划分，提出“冰山模型”。“冰山以上的部分”包括知识与技能，其中知识就是一个人通过学习和经验所掌握的理论知识，技能则包含在知识之内，指的是人处理特定工作的能力，即拥有的针对性知识，这两者都属于外在表现，通过短期培训即可产生明显提高，易于培养和评价；“冰山以下的部分”则由社会角色、自我概念、特质与动机构成，其中社会角色与自我概念都是人对自己的认知，特质指的是人在面对环境和信息作出具有逻辑一致性的自发选择，动机是推动人向着既定目标持续努力的动力源泉，这些因素都属于内在特征，难以确定量化的测度标准，并且短期培训效果不明显。麦克莱兰的研究开创了素质理论，使之成为一门独立的理论体系。

1982 年，美国学者博亚特兹（Richard Boyatzis）在其著作《有效管理者：

高绩效素质模型》中将工作要求、组织环境、个人素质这三个影响个人绩效的因素结合起来，对原有的素质理论进行扩展，指出素质是通过对行为的引导来最终影响绩效的。此外，博亚特兹还在麦克莱兰素质理论的基础上，对其素质的表现形式进行改进，从“素质冰山模型”（见图 3－1）中衍生出“素质洋葱模型”（见图 3－2），将各素质展现为由内向外层层包裹的结构。最核心的要素是动机和特质；向外一层为自我概念与社会角色；最外一层是技能与知识，越往内层越难训练与改变。虽然“素质洋葱模型”与“冰山模型”描述的都是素质的本质，将核心素质与基本素质划分开来，但“洋葱模型”通过更为直观的方式将各素质的层次关系凸显出来，使其更易被人理解。博亚特兹与麦克莱兰的素质理论研究一路相承，奠定了素质理论的基础，但他们的观点重行为而轻认知，具有一定程度的局限性。

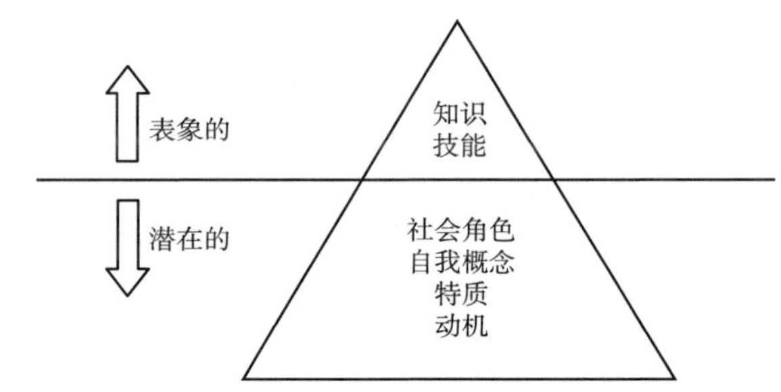

图 3－1　麦克莱兰“素质冰山模型”

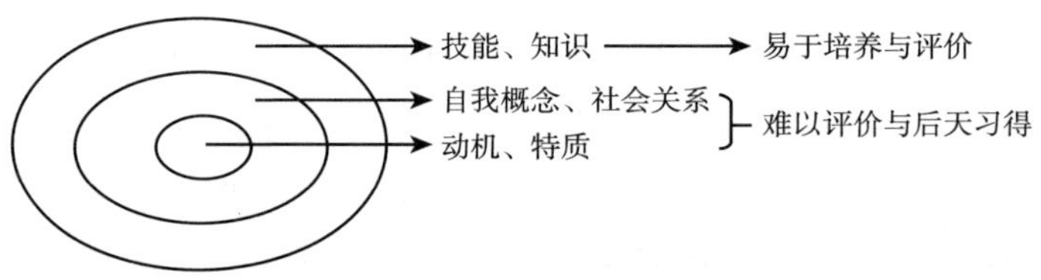

图 3－2　博亚特兹“洋葱模型”

随着关于素质理论的研究不断深化，不同学者也在既有成果的基础上不断扩展出新的见解，赋予素质越来越多的内涵和名称，例如胜任力、资质、能力等，至今没有形成一个统一的定论。

麦克莱兰（McClelland，1973）、博亚特兹（Boyatzis，1982）、斯班瑟（Spencer，1993）也从个人特征角度来定义素质，他认为素质是能够将拥有杰出成就者与平凡者区分开的个人特质，并将这些特质分为深层次特征、因果关系和效标参考，这些特质与个人工作绩效表现有着直接关系，同时可以通过这些特质对绩效进行预测。

伍德拉夫（Woodruffe，1993）从行为角度来解释素质。伍德拉夫认为素质是人们在工作中体现出的应对能力与行为模式，是个体能够胜任某一工作的行为，即处理事情的能力。弗莱施曼（Fleishman，1972）、梅修（Mayhew，1999）等学者则从另一种角度对素质下定义，他们认为素质是一种知识与技能的结合体。弗莱施曼指出素质综合体现了知识、技能、能力、激励、理念、价值观和兴趣等因素；梅修认为素质体现了与高工作绩效相关的知识和技能，与企业需求联系紧密，反映了更高的专用性与导向性。

随着研究角度的增加，一部分学者认为单一的维度对于素质理论来说具有局限性，他们更加认同素质是一种综合体的概念。合益（Haygroup）咨询管理公司在广泛的企业测试与专业标准测试的基础上编写了《胜任力素质词典》，从成就导向、思维能力、服务精神等18个方面进行素质分析，用来应对各种素质测评要求，具有广泛适用性。

……

关于素质的定义方式还有很多，这里就不一一列举了。通过归纳可以发现，素质理论主要有以下特征。

（1）素质可以通过一系列评测标准加以量化，进行更准确的判断。

（2）素质与员工绩效紧密挂钩，两者具有相关性。素质理论对企业的最大作用就在于对绩效产生正面影响。

（3）素质的要求因行业、职位不同而各异。处于不同行业的企业，或处于企业生命周期不同阶段的同一企业，对其员工素质有着不同的专业性要求，有些更偏重技术操作，而有些更关注特定知识，而这些不同的要求对于绩效影响显得至关重要。

（4）素质的程度等级随着员工所处职位的不同而有着不同的差别，素质本身是具有层次等级之分的，而所处职位在企业地位越重要，对素质的等级要求则越高。例如，一线工作人员与企业高管所需具备的素质显然是不一样的，对企业的影响程度也有着鲜明的区别。

（5）素质是可培养的，通过理论学习、实践培训等方式，企业可有针对性地强化对绩效影响显著的员工素质。

（6）素质与动机紧密相关，动机是素质模型最核心的要素，是推动人们向着既定目标持续努力的动力源泉。

本书从人员素质在 XBRL 推广应用中发挥的作用出发，将“素质”限定在个体范围内，提出以下定义：素质是一个人能够高质量地完成工作所需的内在基本特征。

3. 1. 1　素质的分类

综上所述，对素质的理解与讨论必须基于特定行业、特定职务才能更好地发挥作用，素质的类型是多种多样的，不同行业和职务对素质的种类及等级需求都各有区别，本书将素质划分为生理素质、心理素质、品德素质、能力素质四个方面，其中，生理素质是一切社会活动的基础，影响着其他各项素质的展现。由于素质涵盖范围广，本书立足于人员角度聚焦心理素质下属的业务素质、信息素质及文化素质进行分析，探讨他们之间的交互作用及其对 XBRL 推广意愿的影响，暂不讨论生理素质、品德素质及能力素质。下面对素质的基本分类进行介绍。

3. 1. 1. 1　生理素质

生理素质主要指影响人的行为活动方式、行为活动能力以及行为活动效率的身体机能与特征，在习惯上多被称为“身体素质”，是人进行一切社会活动的基础。生理素质可以从健康层次与体格层次进行区别：健康层次处于基础性的地位，用来考察人的身体内部是否存在疾病、疾病的性质以及疾病的严重程度等；体格层次相较于健康层次对身体特征施行了进一步的考察，更具有个体差异性，例如，有的人肺活量大，有的人视力好，有的人四肢强壮，有的人耐热度高……不同个体在生理素质上的差异决定了企业为不同个体安排适合岗位的时候有着一定程度的偏向性。另外，生理素质是由遗传因素与环境因素共同决定的。遗传因素因先天产生而具有稳定性，几乎不会发生改变；而环境因素则具有动态性，人体本身有着生老病死的不同阶段，周围环境也持续性地发生改变，从而对生理素质产生影响。

3.1.1.2 心理素质

心理素质基于外在条件及环境影响而产生，将外部获得的东西内化为自有的、稳定的、基础的特性。心理素质深受教育及环境的影响，是认知能力、性格品质、内在动力以及适应能力的综合体现。认知能力指人脑对信息的提取、加工、转换、存储能力，大脑的记忆、思维、想象、专注等能力均来源于此；性格品质指的是个人对事物产生的稳定态度，从人的言行举止中等细节中透露出来；内在动力是激发个体做出行动的源泉，人们在内在动力的驱使下向着既定目标前进，决定了行动的方向与力度；适应能力体现了人在环境变化的情况下的应对效率，是一种及时识别外部变化并迅速做出正确选择以和环境和谐共处的能力。因此，心理素质是人们做出行动的内在因素，拥有不同心理素质的人在面对同一事件时会做出不同的选择，同时通过心理素质的特性也能够对个体行为做出预测。

3.1.1.3 品德素质

品德素质是道德行为准则在个体之中的内化体现，是人们在道德行为中所表现出来的比较稳定的、一贯的特点和倾向。不同的对错标准是特定生产能力、生产关系和生活形态下自然形成的。一个社会一般有社会公认的道德规范，也就是品德。对于企业员工而言，品德素质包含了职业道德、社会道德与政治道德，职业道德主要指从业人员在这也活动中应遵守的行为准则，社会道德是社会全体人员普遍认可的公序良俗，政治道德指的是调节、调整人们的政治关系及政治行为的道德规范和准则。这些道德要求共同构成了人立足于社会并不断自我发展的立身之本。

3.1.1.4 能力素质

能力素质是由不同的知识、技能以及职业素养构成的一种智能要素，既包括科学能力素质，又包括社会能力素质。一方面，科学能力素质由专业能力和非专业能力构成，专业能力如理论知识或操作技能等需要通过多年的教育、培训获得；非专业能力与心理素质有着密切联系，由先天因素与后天环境交互影响而产生，包括智力与创造力等，非专业因素对于能力素质的提高起到了潜移默化的效果。另一方面，社会能力素质体现了非智力因素，如社会经验、涉世范围及深度、社会交际能力等，这些能力虽然与智商相关性不大，但在实际工作中发挥的作用可能比智商因素更为显著，尤其是在中国这个看重人情的社会。因此，能力素质是一个综合性的因素，不仅看重短期可以培训提高的知识技能等，更看重在长期成长中形成的情商因素，这些因素共同决定了人员适合的工作岗位与职级，也可以对其绩效、成就进行一定程度的预测，具有未来导向性。

不同行业下的能力素质分类有所区别，在 XBRL 推广实施的工作背景下，能力素质由文化素质、信息素质与业务素质构成。

3.1.2 文化素质、业务素质与信息素质

本书着重讨论财务人员的业务素质、信息素质及文化素质对 XBRL 推广意愿的影响。素质在分类上划分为生理素质、心理素质、能力素质三个方面。由于素质涵盖范围广，生理素质、心理素质等素质作为人员行为的基础，并非不重要的因素，但基于 XBRL 实施推广的角度而言，能力素质下属的业务素质、信息素质及文化素质与 XBRL 关系更为密切，故本书仅聚焦于能力素质下属的业务素质、信息素质及文化素质进行分析，三者关系如图 3－3 所示。

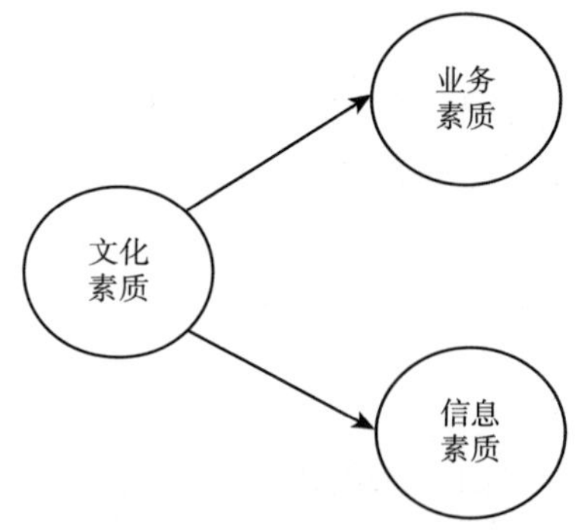

图 3－3 文化素质与业务素质、信息素质的关系

业务素质指的是企业人员完成工作所必备的综合能力，体现了员工在工作中的专业知识与职业技能。财务人员作为企业财务数据的直接接触者与处理者，对企业的业务往来与信息质量把控起到了关键的作用，财务人员的业务素质包括对于政策法规的洞察力、准确的职业判断、扎实的业务知识、及时更新的知识架构等。良好的业务素质保证了财务人员在面对各种情况时以最快的速度作出应对，保证实际问题的解决能力。

信息素质指的是一个人的信息需求、信息意识、信息知识、信息道德、信息能力方面的基本素质。信息素质是人类素质的一部分，主要体现为拥有信息化思维，通过信息技术和现代的行政管理方式，对信息进行收集、筛选、处理、存储、评价来辅助日常工作和决策。从技术方面来说，信息素养反映了人利用信息系统的思想意识和技术能力。从人文方面来说，信息素质表现为人在面对信息时的心理过程和心理状态。信息素养需要后天培养，并不是与生俱来的。

文化素质指的是一个人的文化水平，一般通过接受教育的程度以及学历能力等方面来体现。对于企业来说，员工的文化素质是判断其能力的基本要素，通常可以通过学历等客观信息来初步判断一个人对知识的掌握丰富程度以及对新事物的接收与学习能力，一定程度上也反映了员工的智力水平，是大多数企业选择员工最先考虑的因素。良好的文化素质保证了财务人员在面对新技术时具有足够的学习能力，同时对财政部颁发的 XBRL 宣传文件、培训资料有着良好的接受度。

文化素质一般与业务素质有着正向的关系。业务水平的提高离不开平日的专业知识学习与积累，文化素质高的人通常具备更良好的学习效应与经验效应，对于业务素质而言具有重要的实践意义。同时，文化素质客观上对信息素质具有一定的促进作用，提高了人员对新技术的接受程度。文化素质提升了人们理解新技术的效率与效果，使员工将学习中遇到的关键点进行总结与推广，促进信息素质的提高。

3.2 需求理论

3.2.1 马斯洛需求层次理论

美国著名心理学家马斯洛（Abraham Harold Maslow）作为人本主义心理学的创始人，提出了“需求层级理论”这一重要代表观点，根据迫切程度将需求自下而上分为五个类别，分别是：生理需求、安全需求、社会需求、尊重需求、自我实现需求。

过去行为学的动机理论认为，行为是由先天的生理驱动力控制的，它无意识地控制着所有的行为。马斯洛强烈反对这一观点，他认为人类的行为是由不同的需求驱使的，更强调动机在人格中的作用。当他早年和猴子一起工作时，曾经注意到自己有些需求优先于其他需求而存在。人感到饥饿和口渴时，首先会努力解决口渴的问题，因为没有食物的时候人可以支撑数天甚至数周，却只需几天就可以死于缺水。因此，在这个意义上，口渴比饥饿更重要。同样，如果一个人在口渴的同时被掐住脖子来阻止呼吸，他则会尽全力先保持呼吸活下来，所以在这种情况下口渴是第二优先考虑的。马斯洛将这一理念应用到他的研究中，创造了著名的需求层次理论。马斯洛认为，人是一种在生理和心理上都有持续需求的动物，一个人感到完全满足的状态只能保持很短的时间，旧的愿望实现之后新的愿望很快就会出现。终其一生人们都在不断地渴望着什么，这是一切事物的开端。

马斯洛进一步将这五层需求划分为缺乏性需求和成长性需求，层次越低的需求越具备迫切性，它的满足与否直接关系到个体的生存状况，包括生理需求、安全需求、社会需求、尊重需求。而高层次的需求则与个人的健康、精力等因素息息相关，又称为成长性需求，自我实现需求就是成长性需求。

缺乏性需求产生于不足，当这些需求不能满足时就会对人们的行为形成驱动力。如果所有的需求都不满足，那么生物体将由最强大的需求主导，生理需求是一个人生存最基本的需求，包括对维持身体功能各项事物的需求，例如氧气、水、盐和维生素，还包括适合生长的舒适温度，需要活跃、睡眠、避免疼痛等。马斯洛认为，很多这类需求由体内的稳态机制控制，稳态机制有助于身体在一个稳定的状态下运作，而避免极端情况的发生。身体的稳定运行是其他生理需求的基础。如果这些需求中有一个没有得到满足，那么满足这些需求的动机将驱使人们采取行动以促进它们全部实现。

在人的身体需求得到相对满足的情况下，个人的安全需求就开始发挥作用，包括寻求外界保护，以使自己免受伤害或攻击，同时渴望所处环境具备相当程度的秩序性与可预测性。对安全与保障的需求主要体现在人们对安居乐业、稳定工作和保险等的向往。失业的人会感到不安全和沮丧，这正是因为安全需求未能得到满足。研究婴儿的行为可以最好地反映出对安全和保障的需求。当婴儿与父母分开时，会感到紧张和不安，婴儿也渴望生活中的可预测性。当和平的环境崩溃时，他们会感到焦虑和不安。幸福家庭中的孩子更有可能拥有健全的性格、乐观的生活态度和光明的未来。而来自破碎家庭或战区的儿童往往会感到不安全，并在出现问题时首先看到事物的黑暗面。根据马斯洛的说法，那些在安全环境中长大的人会变得更强，无论遇到什么威胁，他们都会抱有一份安全感，并保障着未来的稳定。在现代社会，人们不太担心安全问题，因为我们生活在一个相对和平的时代。如果战争爆发，人们就会回到他们的安全需求上来。在马斯洛看来，对于现代人来说，他们喜欢安全的工作、储蓄账户数量的增长和购买保险，这是安全和保障需求的表现。

下一个阶段是社会需求，即人类需要爱与被爱。当一个人的生理需求得到满足时，下一组需求就会出现，人们倾向于对感情和财产追求。处于这一阶段的人最珍惜友谊，最渴望拥有幸福的家庭，他们需要被社会接受和认可。因此，和谐的人际关系至关重要，一旦和谐关系破裂，个人会强烈感到孤独和疏离感，从而产生痛苦。根据马斯洛的说法，处于这个阶段的人们将开始发展与他人的友谊，也就是说，他们为在社会中寻求一个位置而不遗余力。而这一需求阶段中的核心就是爱，爱与被爱的失败会给一个人的心理健康带来严重的问题。许多心理变态的行为是可以被解释的，大部分是因为未能满足对爱的需要。爱之于人的内心就像维生素之于身体健康一样，爱意味着人与人之间有着互相支持的健康亲密关系，这首先就需要信任。长期处于这种关系之中，人们就会抛弃恐惧，充满勇气与希望。

下一个阶段是尊重需求。一旦满足了上述需求，人们就会产生积极的自我价值感。马斯洛将尊重需求分为两个等级，其中一个是较低水平的需求，处于这一需求水平的人将得到的尊重归功于财富、名誉、地位和统治地位等外界因素带来的成就。而更高形式的尊重则来自内心，自尊包括自信、能力、成就和自由。缺乏这些需求会导致自卑感，进而导致神经质的趋势。

以上四种需求都被马斯洛称为缺乏性需求，这是他的需求层次金字塔的底部。人类的基本需求被组织成一个具有相对优势的层级系统，只有在满足了较低层次的需求后，才能向更高层次的需求迈进。然而，等级制度中的顺序并没有那么严格，由于不同的外部环境和内部个性，需求的顺序可能非常灵活。对有些人而言，尊重可能比爱更重要；而成长于破碎家庭的人则把安全需求放在第一位。更重要的是，人们每天采取的行动并不是缺乏单一需求的结果，任何行为往往是由几个或所有的基本需求同时决定的，而非单受其中一个驱使。当部分或全部需求满足时，人们将为实现更高的需求做好准备，这将是需求的中心。

与缺乏性需求不同的是，成长性需求是一种持续的感觉，一旦出现就会不断增强，并且永远不会得到完全满足。马斯洛的理论认为，成长性需求指的是成为一个完整的人的渴望，一旦这些最高需求得到满足，人们就有可能达到自我实现的水平。

自我实现解释了人们充分发挥潜能的动机，自我实现的形式表达为一个人对创造力、知识、给予和精神启蒙的追求。马斯洛将自我实现定义为“自我实现的欲望，即个人在潜在自我实现中的倾向。这种倾向可能被表述为渴望变得越来越像一个人，成为一个人能够成为的一切”。马斯洛指出，自我实现的人往往会意识到自己真正的潜能，并在生活中找到自己的价值。因为每个人都是独一无二的，自我实现的动机以不同的方式引导人们。对于不同的人，自我实现有不同的意义。成长性需求是进化过程的后期产物，在个体中发展相对较晚，而成长性需求的满足将创造幸福，帮助个体成长。

塞拉斯等（Cerasoli et al.，2014）研究了激励过程中外在激励与内在激励的相互关系。并发现无论是否提出外在激励措施，内在激励对绩效的重要性仍然存在；且当外在激励直接与绩效挂钩时，内在激励对绩效的重要性较小，而当外在激励间接与绩效挂钩时，内在激励更为重要。外在与内在激励不一定是对立的，最好同时考虑。同时他们也提出在今后的激励研究中也应当使用不同的绩效标准（例如幸福感、工作满意度）来衡量。

3.2.2 ERG 理论

在马斯洛需求理论的基础上，奥尔德弗（Alderfer，1969年）在著作《人类需求新理论的经验测试》中研究提出了 ERG 理论，以一种接近实际的方式对马斯洛理论进行了补充与完善。他通过对银行系统中不同工作能力的员工进行分类对比，研究他们对需求“渴望”与“满足”之间的关系，根据调研结果验证了 ERG 理论的可靠性。

ERG 理论在马斯洛需求理论的五层需求基础上加以改进，将人的核心需求划分为生存需求（existence）、人际关系需求（relatedness）与成长发展需求（growth）三层。其中生存需求包含了生理需求与安全需求，即马斯洛需求理论中的前两级需求，都与人的基本生存息息相关，两者密不可分，生理需求作为最为基础的需求得到优先满足后，就会激发对安全需求的向往，安全需求得到满足则会进一步保障生理需求。人际关系需求包括了人在社会中的交往、沟通以及获得尊重的需求，此需求与马斯洛需求理论中的社会需求与部分尊重需求相匹配，人作为群体动物，需要维持与他人的关系满足自己与外界接触、交往的需求，从而在合作完成任务等日常工作外，填补了心理层面的需要。成长发展需求对应的是马斯洛需求理论中的内在尊重需求以及自我实现需求，指的是个人对于自我提升与发展的追求，着眼于综合性创新能力与个人素养的完善，一般需要漫长的时间才能得到训练提升。

尽管 ERG 理论中的三个需求与马斯洛理论的五个需求层次很相似，但它们并不是合并与替代的关系，ERG 理论进一步弥补修正了马斯洛理论中的不足之处，使之更贴近实际个体的需求状况。在马斯洛的理论中，需求的满足是呈阶梯状上升的，只有低层次的需求得到满足，高层次的需求才会产生实现的必要。同时，马斯洛认为，需求层级是不可逆的，满足了低层次需求后，只能进一步向高层次需求推进，而不能折回低层次需求。而实际上并不是这样，故 ERG 理论中各需求是同时存在的，当同一层次中的部分需求得到满足后，会引发这一层次更多的需求；当低层次的需求不断得到满足后，其满足程度越充分，高层次的需求就会越强烈；当高层次的需求未能及时有效得到满足，需求就会回落到低层次之上，存在一种“受挫—回归”现象。

相比于马斯洛需求层级理论，奥尔德弗提出的 ERG 理论所受到的局限性更小，也更接近人们在日常工作中的行为特征，人的需求满足不再是一个静态的、单一的过程，而能够根据实际情况进行动态调整，选择最佳路径，在解释需求问题时有着更高的说服力。

3.2.3 成就需要理论

20 世纪 30 年代到 20 世纪中叶，人们对动机理论进行了广泛讨论，逐步发展出成就需要理论，该理论由麦克莱兰在前人研究的基础上提出。麦克莱兰将人的需求分为先天性需求与后天性需求两个方面，先天性需求包括生存需求、安全需求等低层次需求，是人们与生俱来的基本需求；后天性需求则由人际交往、受人尊重、自我价值实现等方面的高层次需求组成，与教育背景、成长环境、个人经历等息息相关。在低层次需求得到满足后，人们转向对高层次需求的实现。麦克莱兰将高层次需求划分为成就需求、权力需求与亲和需求。

成就需求指的是对于追求挑战、获得成功的渴望，这种感受只有通过自己的努力才会出现，由主体自身行为产生，人们在克服困难、超越他人、完成艰巨任务等过程中获得满足，从而实现自我肯定。在心理学领域中，当人们的行为与一个标准发生碰撞，达到并超越了这一标准以获得自我评价时，就会产生受成就动机支配的行为。因此，人们在日常行动中需要各种目标或标准的支持，例如跑步的距离或时间、考试的分数、读书的数量等，这些数据的增加会带来喜悦感，因而成就需求对人们的行为产生驱动作用。因为人的复杂性和多样性，每个人对于成就需要的理解和追求不同，表现为各种各样的人生价值和理想。

权力需求是因渴求获得地位、支配他人而产生的一种驱动力，权力需求程度高的人更关注外界的认可和自身的影响力，他们通过出色地完成工作来换取支配力，并以此衡量自己的成功与否。权利需求驱使人们通过影响他人或改变环境，这种驱动力就是权力动机，权利需求水平高的人在支配他们的过程中获得满足感。这类人往往在工作中会表现出果断、稳重以及较强的决策力，对影响和控制他人表现出较高的兴趣，喜好发号施令，在工作中重视追求地位和个人的影响力。麦克莱兰研究发现，权力需要较强的人更加容易成为单位的领导。

亲和需要也称为“归属需要”或“社交需要”，是建立友好亲密的人际关系的需要，希望人与人之间的相互理解，希望被他人接纳，希望彼此之间的沟通与理解。因此，亲和需要也体现了人对归属感的追求，是人们建立亲密的人际关系的需要。人们通过与他人建立亲密关系而获取安全感，亲和需要需求度高的个体更看重建立个人与个人、同级之间、上下级之间以及个人与组织之间和谐、友好、亲密的组织氛围。追求亲和与归属需要的人，他们希望能够获得他人的肯定和喜欢，同时也乐于融入并维护集体的关系，愿意与周围人保持有好的关系并积极主动地帮助他人克服困难，他们相当重视集体的凝聚力。

3.3 激励理论

激励理论是管理心理学中的重要理论，有效的激励措施能够满足人们的需要。通过设定适当的目标激发人们的信念，在目标各阶段提供奖励，使员工在物质上与精神上获得满足，有利于充分调动员工的积极性与创造性，实现企业的任务与绩效要求。

3.3.1 期望理论

期望的概念最初是由弗鲁姆提出的，它代表的是行动或努力将导致结果的可能性。很自然，如果人们看到或察觉到对他们有利的事物，就会坚定地朝着某一个特定的方向前进。该理论指出，如果人们相信努力与绩效之间存在正相关、良好的表现会带来令人满意的回报、获得的奖励将会带来需求的满足，他们就产生不同的目标集合。

期望是个人对特定行为将产生结果的可能性的信念。弗鲁姆认为，某一活动对某人的激励力量取决于他所能得到结果的全部预期价值乘以他认为达成该结果的期望概率。用公式可以表示为：$M = V \times E$，其中，M 表示激励力量，是指调动一个人的积极性，激发出人的潜力的强度；V 表示目标效价，是指达成目标相对于个人需要的价值大小；E 表示期望值，是指人们根据主观判断得出的达成目标并导致某种结果的概率。弗鲁姆的期望理论辩证地提出了在进行激励时要处理好三个方面的关系，这些也是调动人们工作积极性的三个条件。第一，努力与绩效的关系。人们总是希望通过一定的努力达到预期的目标，如果个人主观认为达到目标的概率很高，就会有信心，并激发出很强的工作力量；反之，如果他认为目标太高，通过努力也不会有很好成绩时，就失去了内在的动力，导致工作消极。第二，绩效与奖励的关系。人总是希望取得成绩后能够得到奖励，当然这个奖励也是综合的，既包括物质上的，也包括精神上的。如果他认为取得绩效后能得到合理的奖励，就可能产生工作热情，否则就可能没有积极性。第三，奖励与满足个人需要的关系。人总是希望自己所获得的奖励能满足自己某方面的需要。然而由于人们因先天条件与后天发展产生了不同的个体差异，他们对各种需要要求得到满足的程度就不同。因此，对于不同的人，采用同一种奖励办法能满足的需要程度不同，能激发出的工作动力也就不同。

弗鲁姆认为激励力量是预期的满足感和期望性的乘法组合。当其他因素相同时，预期的满足感被认为是线性的，与表现正相关。然而，由于困难的目标比简单的目标更难实现，目标成功的预期可能与绩效负相关。故人们在选择任务时，通常基于结果导向进行选择。如果所有的条件都符合弗鲁姆的理论，这意味着人们渴望通过自身的努力与优秀的能力来创造理想的结果，因而人们的表现变得尤为重要，他们相信这会带来一个更有价值的未来，行动力也随之产生。在激励过程中，还要适当控制期望概率和实际概率，加强期望心理的疏导。期望概率过大容易产生挫折，期望概率过小又会减少激励力量；而实际概率应使大多数人受益、最好实际概率大于平均的个人期望概率，并与效价相适应。

3.3.2 目标设置理论

在组织心理学发展的基础上，美国马里兰大学教授洛克（1967）率先提出目标设置理论。目标设置理论本质上就是通过目标激励驱使人们朝着某一方向努力，并在向目标前进的过程中不断修正偏误，将既定结果与目标对比，以促进目标的实现。因此，目标设定与激励效果息息相关，合适的目标将对人们的行为产生巨大的驱动力；反之，不当的目标设置则会降低人们的动力。

目标设置包含了目标的难度、明确性、承诺与反馈四个维度。目标难度指的是人们能够实现既定目标的程度，是一个因人而异的维度。个体的知识与经验积累丰富、解决问题的能力强，则目标难度相对较低，反之目标难度相对较高。虽然目标难度因个人能力不同而有所区别，但每个目标有其绝对难度，即客观上的处理复杂程度。绝对难度越大的目标实现起来越困难。人们可以根据目标的难度来调整自己投入的精力，其努力程度随目标难度的上升而递增，呈线性关系。在目标的绝对难度较低时，工作绩效同目标难度有着正向相关的关系；而如果目标绝对难度达到一定程度时，绩效水平不仅不会随目标难度上升而提高，反而会使人们产生抵触心理，呈现绩效下降的趋势。因而恰当难度的目标会对个体行为产生正向激励作用，超越个体能力而定的目标则会引发挫折感，降低人们努力的动机。

目标明确性指的是目标设定的具体程度，一般来说，越明确的目标，越能产生高水平的绩效。目标设置得越具体，人们就越容易达到既定的标准，也更便于评价个体的实际能力，而刨除其他干扰因素。明确的目标本身就伴随着激励作用而产生，能够降低人们在实现目标过程中的盲目性，提高自控力，人们明确地知道自己应该做到什么，才能合理安排工作，以最可能实现目标的投入程度来努力。目标设定越具体，绩效浮动的范围就越小，目标设定越模糊，在缺乏参照的情况下，人们就会按照自己的理解进行工作，绩效会产生很大的浮动变化，人们可能会抱着“差不多”“尽力”这类主观想法，而不自觉地降低目标实现的标准。因此，明确的目标有着更大的激励作用。

目标承诺指的是个体对目标的重视程度，个体被目标吸引，想要坚定地实现目标，并为之不懈地付出努力，即为承诺。在目标难度较高时，目标承诺就在目标达成过程中发挥了重要的作用，困难的目标相比简单的目标需要人们付出更多的努力，成功的概率相对更小，这时重要且能够实现的目标增强了人们的目标承诺。目标承诺的强度高低与奖惩程度密切相关，达成目标获得的奖赏与人们的期望相一致甚至超过期望值时，人们的目标承诺水平就会增强，反之减弱。另外，当目标不能达成时，惩罚手段也可能会提升人们的目标承诺水平。但惩罚手段不应作为提高目标承诺的主要方式，不适当地采用惩罚方式会降低人们的工作热情，为人们带来负面情绪，不利于工作绩效的提高。

目标反馈指的是人们对自己行为结果的接收过程，反映了人们在实现目标的道路上是否朝着正确的方向前进，以及为达成目标自己还需付出多少努力。反馈常常与奖惩挂钩，正向反馈带来奖励，负向反馈导致惩罚，有效的正反馈可以产生激励作用，提升绩效水平；而为了减少惩罚引发的抵触情绪，负向反馈应更多地针对任务本身的问题，引导人们进行自我调整，改善目标完成情况。反馈的有效与否与激励效果息息相关，有效的反馈应予目标实现的具体问题相匹配，且明确到个人可以掌控的行为能力上，不应与外部环境问题相关；并且有效的反馈应具有及时性特征，及时且频繁的反馈对于任务的完成与目标的实现具有不可替代的作用，能够帮助人们及时发现目标实现过程中的偏误，少走弯路，提高效率，从而进一步增强行动的动机。

3.3.3 综合激励理论

在弗鲁姆的期望理论基础上，美国学者莱曼·波特与爱德华·劳勤（1968）改进并提出了综合激励模型理论。期望理论中，期望值和目标效价共同决定了激励强度，而综合激励模型中主要包含了努力、绩效、报酬与满意度四个变量，这些变量又受到环境、能力、认知、公平感的影响。该模型理论的具体内容如图3-4所示。

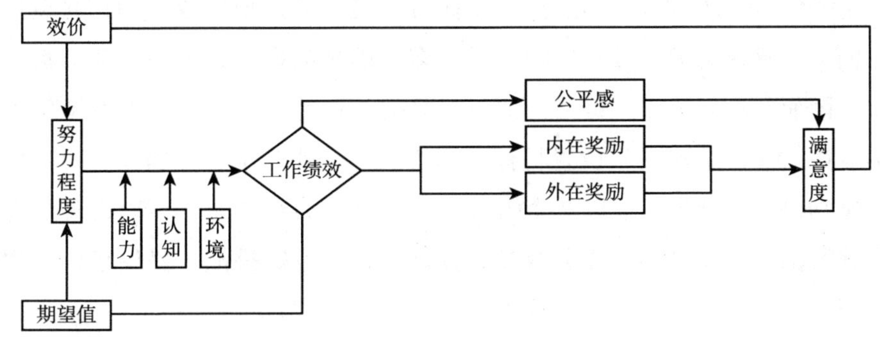

图3-4 波特—劳勤综合激励模型

从该模型中可以看出，波特—劳勤激励理论强调了三个层面的关系，分别是努力与绩效、绩效与报酬、报酬和满意度之间的关系，只有处理好这三个关系，才能实现理想的激励效果。通过结构图可知，良好的绩效不是仅有努力就足够了，还与个人能力、工作环境与个人认知息息相关，其中，个人认知指的是个体对自身定位是否明晰，对工作目标、任务职责等问题的理解是否准确。取得绩效后，一个人会收到两种形式的报酬，即外在奖励与内在奖励，外在奖励通常满足了马斯洛需求层级中低层次的需求，给予完成者薪酬、职位等形式的酬劳，但外在奖励与绩效提高并不是必然、直接相关的，当完成目标的个体认为收到奖励不足以体现自己取得的成绩时，外在奖励不能成为提高绩效的激励；内在奖励对应马斯洛需求层级中的高层次需求，是个体基于良好绩效给予自身的奖励，包括自我肯定、自我尊重、自我实现等方面，内在奖励带来的成就感与责任感产生了自我激励作用，对于绩效提高有着直接影响。报酬与满意度之间又受到公平因素的调节，一个人在取得报酬后自然会在心里与自己预估的应得报酬进行衡量与比较，如果他认为两者相互匹配，或得到的报酬高于预估程度，则会感到满足，并在提高目标效价的基础上产生激励作用，督促自己在未来付出更多的努力；如果他认为既得报酬低于自己预估应得的奖励水平，那么即使他获得了奖励，仍然会产生失落感与挫折感，从而降低目标效价，减少日后的努力程度。

波特—劳勒综合激励模型对于实际应用有很强的指导作用。由该理论可知，激励是一个复杂的问题，并不是简单地通过目标设定、提供奖励等方式就一定能使员工产生努力的意图，从而按照既定的计划采取行动，并在达成目标的同时感到满足。激励实际上受到多个因素的影响，每一个环节都至关重要，因而要建立激励—努力—绩效—奖励—满足并创造有利于继续努力条件的良性循环，这取决于设置目标导向方式、企业分工、管理能力、考核公平、奖励机制、领导行事以及个人预期等多种综合性因素，可以通过综合运用金钱激励、股权激励、充分放权、弹性工作、设定挑战、提供培训、规划职业路线等方式形成对员工的激励。

3.3.4 价值观理论

个人价值观理论分属于组织行为学理论，是个体在社会环境中形成的稳定社会信念与认知系统的基础，成为组织绩效表现的关键资源之一。

价值观是人基于内在思维支撑对外部事物作出的认知、判断、选择等反应，体现了不同环境下的人拥有的不同价值取向。价值观在心理学、社会学、哲学等人文学科中发挥着不可替代的关键作用，关于价值的研究也层出不穷、种类多样，以下选取了具有代表性的观点进行简要阐述。

斯普兰格（Spranger，1928）在《生活方式》一书中提出，人在内在固有特质的基础上，也受社会生活环境的影响。根据生活与工作领域的不同，斯普兰格将人划分为六种类型，分别为理论型、经济型、审美型、社会型、权力型与宗教型。但这六种人格并非相互独立的，它们或多或少地共同存在于个体之中，人们一般对其中一个人格产生主要倾向性而兼有其他特性。奥尔波特（Allport，1931）在斯普兰格人格特质理论的基础上提出了价值观理论，根据六种人格类型，提出了理论型、经济型、审美型、社会型、权力型与宗教型六种价值观理论。理论型价值观重视对真理的追求，采用客观、冷静的角度对事物进行观察与分析，看问题不太关注实际，较为理想化，理论家、哲学家多持有这种价值观；经济型价值观的理念是“利益至上”，以追求有效性与实用性为最终目的，分析事物时采用功利主义的心态，企业家多抱有这一价值观；审美型价值观主张用美的视角观察世界，评价事物价值时也以“美”为判别标准，力求自我完善，艺术家多属于这一价值类型；社会型价值观崇尚爱与奉献，拥有该价值观的人热衷于投身于社会慈善中，以照顾他人、服务社会为至高追求，具有高尚的人格，例如志愿者、医疗工作者等；权力型价值观具有支配他人的倾向，乐于追求权力，渴望控制力与影响力；宗教型价值观信奉上帝，对他人富有仁慈之心，同时因坚定的信仰而自觉克服低级冲动，自我约束力强。奥尔波特开创性地对价值观进行了系统研究，于1931年与其他学者共同创建了第一个价值观测评体系“奥尔波特—弗农—林德西量表”，为后续研究奠定了基础。

罗克奇（Rokeach，1973）提出价值系统理论，认为价值观之间具有内在逻辑性而相互联结，并按照一定的层级构成价值系统。根据这一理论，罗克奇编制了价值观调查表，这一调查问卷在国际上得到广泛应用。罗克奇价值观调查表包含了终极价值观与工具型价值观两大类价值系统，每一价值系统下都包含18项价值观，测试时要求被测试者将这18项价值观按照重要性程度降序排列，从而分析出他们的价值倾向。终极价值观指的是人通过一生的努力想到达到的最理想化的终极目标，体现了个人价值以及社会价值的最终追求，例如舒适的生活、振奋的生活、成就感、和平的世界……工具型价值观指的是人为达到最终目的而应拥有的道德或能力，反映了其行为方式，包括雄心勃勃、心胸开阔、能干、欢乐、勇敢等价值观。一般来说，虽然不同人的测试结果千差万别，但具有相似工作类别的人倾向于有着更为相近的价值观。

在罗克奇价值系统理论的基础之上，施瓦茨（Schwartz，1987）提出价值观是对人的生活具有指导性作用的原则。施瓦茨以人的动机与需求为出发点进行研究，构建了跨文化环境下具有普遍适用性的价值体系，历经数十次的修订与完善，“施瓦茨价值观模型”已经成为价值观领域最为核心的理论之一。施瓦茨将57个价值观通过自我超越、自我提高、保守、对变化的开放性态度这四个维度以及10种价值观动机类型进行划分，研究并揭示他们之间的关系，其中位置越相近的价值观，动机类型也就越相似（见图3－5）。

图3－5 施瓦茨价值观结构模型

3.4 XBRL 推广意愿的影响机制

3.4.1 人员素质与 XBRL 推广的关系

XBRL 基于可扩展标记语言 XML 产生，将会计准则与计算机语言相结合，通过计算机对财务数据进行智能化处理，使用者能够对各种会计信息进行快捷的识别、储存、交换、分析及利用。随着社会经济水平进一步提高，会计信息化需求越发强烈，国家层面对 XBRL 的推广提出了更为迫切的要求。为贯彻落实党的十八届五中全会精神，根据《中华人民共和国国民经济和社会发展第十三个五年规划纲要》和《国家财政“十三五”规划》的有关要求，2016年10月19日，财政部正式印发《会计改革与发展“十三五”规划纲要》，其中明确提出，“十三五”期间要“推进企业会计准则通用分类标准有效实施，不断提高单位会计信息化水平”，持续更新企业会计准则通用分类标准，推动监管部门在监管领域制定和实施监管扩展分类标准，同时引导企业以 XBRL 提升内部管理信息标准化，促进财务、业务数据的融合与互联。

这也对未来的财务人员素质提出了更高要求。在会计信息化迅速发展的当今社会，财务人员不仅需要熟练掌握本专业理论知识以及业务操作流程，还应对计算机技术有着深刻理解，能够熟练操作计算机软件，同时具备相应的英语水平，以学习 XBRL 中各元素的概念与实际含义，对企业财务报告做到准确分解、标记，并在必要时进行扩展。同时，XBRL 财务报告的编制过程也具备了学习效应，即拥有实践经验的财务人员相较于新手而言有着更高的工作效率，出错率明显降低。因此，对于财务人员来说，提高学习能力、缩短学习周期有着同样重要的意义，这些素质能力共同提高了 XBRL 财务报告的编制质量。只有具备了足够的素质，才能在理解 XBRL 的基础上产生共鸣，从而自发地响应国家推广 XBRL 的任务要求。

3.4.2 人员素质与 XBRL 推广

本书在分类上将素质划分为生理素质、心理素质、能力素质三方面，其中，生理素质是一切社会活动的基础，影响着其他各项素质的展现。由于素质涵盖范围广，本书仅立足于人员角度聚焦能力素质下属的业务素质、信息素质及文化素质进行分析，探讨他们之间的交互作用及其对 XBRL 推广意愿的影响（见图 3－6）。

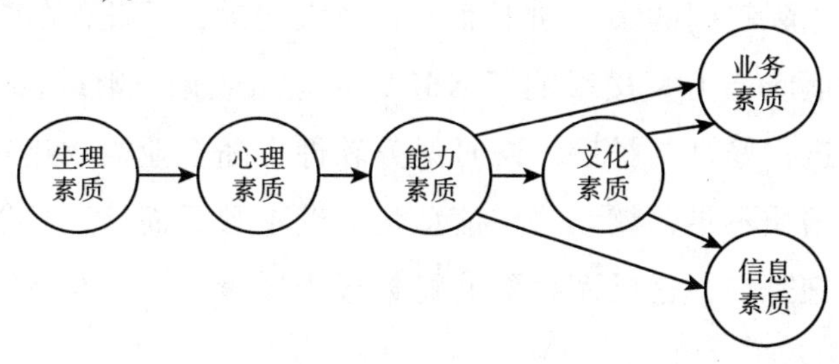

图 3－6　素质相互关系

生理素质是 XBRL 工作的基础，财务人员作为 XBRL 工作的承担者，其生理素质为 XBRL 工作提供了基础性的铺垫。心理素质在生理素质的基础上产生，其综合能力反映在财务人员身上具体表现为智力、数字敏感性、数字反应能力、逻辑判断和推理能力、理财能力、财务管理能力等。本书基于财务人员素质着重探讨心理因素下属的业务素质、信息素质及文化素质，分析他们之间是否存在相关性。能力素质是由不同的知识、技能以及职业素养构成的一种智能要素，财务人员在环境潜移默化影响中形成的创新能力、执行能力、沟通能力等非智力因素在 XBRL 的应用中起到不可或缺的作用。

业务素质指的是企业人员完成工作所必备的综合能力，通过多年教育与培训产生的专业财务知识与业务操作技能是财务人员理解与学习 XBRL 的基础。XBRL 报告本质上就是用计算机语言重新分解与标记的企业财务报告，仍然属于财务会计范畴。一般来说，财务人员从业时间越长、专业职称等级越高，相应的对财务理论的了解也就越深刻。此外，由于 XBRL 是在计算机语言的基础上产生的，仅仅掌握财务专业知识是不够的，未来的会计信息化人才还应有熟练的计算机操作能力以及良好的英语水平，这两者结合才能使财务人员在应用 XBRL 时更加游刃有余。知识与技能方面的能力可以通过短期投入获得较为明显的成效，财务人员知识掌握情况越完善，XBRL 的推广与应用活动就越顺利。

信息素质体现在指人脑对信息的提取、加工、转换、存储能力，认知能力的不同影响着财务人员对财务报告的理解能力与专注程度，同时也不利于财务人员吸收并掌握 XBRL 知识。我国会计信息化正处于高速发展的时期，会计准则也在国际趋同的大方向下而产生较大变动，因此，财务人员对新环境、新变动的适应能力直接影响了 XBRL 的应用效果。财政部不断对 XBRL 通用分类标准进行修订与扩展，同时财务软件也随企业需求迅速更新，一旦财务人员信息素质不足，就无法在信息化浪潮中乘风而行，只能被动接受知识、应付地实施工作，这反而会降低财务报告质量，也就与 XBRL 的推广目的背道而驰。

文化素质指的是一个人的文化程度及学习能力。XBRL 基于自身的技术背景具有较大的理解难度，这也对财务人员的学习能力提出了较高的要求。一般来说，学历水平、年龄等信息一定程度上可以反映财务人员的当前认知能力，高学历人群、青年群体对于新知识的接受程度相对较高，也更易理解XBRL的内涵。财务人员受教育时间越长、学历等级越高，相应的对财务知识以及XBRL的接受度就越高。例如，学习能力更强的财务人员能够在从事XBRL工作时更轻易地理解分类标准中不同元素的实际含义，以决定是否针对企业财务报告内容进行扩展，减少扩展元素的冗余性，诸如此类的还有很多。

文化素质一般与业务素质有着正向的关系。文化素质是一个人学习能力的最直接反映，而业务素质是企业人员完成工作所必备的综合能力，业务水平的提高离不开平日的专业知识学习与积累。文化素质高的人通常具备更良好的学习效应与经验效应，这些因素可以大大缩短业务相关技能的学习周期，使员工在日常工作与专业培训中更快地掌握关键点，并通过实际操作发现问题、解决问题，总结工作的基本流程。文化素质对于业务素质而言具有重要的实践意义，同样成为考量企业员工素质中的关键部分。

文化素质客观上对信息素质具有一定的促进作用。文化素质体现了一个人的受教育水平，而受教育程度在一定程度上反映了个人掌握的知识、技能以及学科素养。文化素质提高了人员对新技术的接受程度，同时支持了其在面对新的环境变化时根据已掌握的知识举一反三的能力。信息素质体现了个人对信息技术等新兴事物的认知水平，需要较高的知识与技能水平的积淀。提高了文化素质后，人们理解新技术的效率与效果会显著提升，并将学习中遇到的关键点进行总结与推广，促进信息素质的提高。

此外，内在动力也是信息素质的重要体现。内在动力是激发个体作出行动的源泉，XBRL的推广困难的一个重要原因是实施动力不足。如果财务人员在完成XBRL工作时可以获得心理认同感、个人荣誉感，或者XBRL工作对他们的未来职业生涯或生活水平能够产生正向激励，则这些因素会内化成为财务人员实施XBRL工作的驱动力，使他们在完成既定工作的同时产生提高XBRL财务报告质量的诉求，积极进行自我约束以及自我检查。

3.4.3 需求、期望与 XBRL 推广

激励本质上是一个复杂的因素，受到内在与外在因素的综合影响而产生不同的效果，XBRL 推广从根本上来说就是选取合适的方式来促使实施人员及企业产生采用其技术的动机。激励理论在需求理论的基础上产生，而期望代表的是行动或努力将导致结果的可能性。很自然，如果人们看到或察觉到对他们有利的事物，就会坚定地朝着某一个特定的方向前进：如果人们相信努力与绩效之间存在正相关、良好的表现会带来令人满意的回报、获得的奖励将会带来需求的满足，他们就会产生不同的目标集合。故本书中分析探讨的物质期望、精神期望本质上就是两大需求。

根据需求理论，生理需求与安全需求是人立足于社会的最基本需求，XBRL 实施人员也不例外，他们作为社会人是不同身份的集合体，既以单位员工的身份承担着工作责任，同时也要承担购房、抚养子女、赡养老人等家庭责任，有着多方面开支的需要。因此，实施 XBRL 应先满足人员在薪酬方面的要求，员工承担 XBRL 工作时感受到薪酬方面的提升，他们会对实施 XBRL 工作产生更多的热情、投入更多的精力。除却薪酬因素外，职位也是企业员工的重要考虑因素，如果财务人员认为 XBRL 财务报告的编制工作可以提供更多职位晋升等方面的优势，满足其尊重需求，则会对 XBRL 在企业的应用与推广乐见其成。除了外在需求外，内在需求才是推动个人提升的核心动力，是高层次的需求，一旦员工认为实施 XBRL 工作有助于自我提升并实现他们的内在价值，则会自发地支持 XBRL 的推广，并抱着学习进取的态度积极参加培训，努力成为 XBRL 专业技术人员，这不仅是对自我工作能力与价值实现的完善，更为企业应用 XBRL 营造了良好的氛围，减少企业 XBRL 推广过程的阻力。

在高层次需求中，人们的自我肯定尤为重要，成就需求就是对于追求挑战、获得成功的渴望，这种感受通常只有在自己付出努力后才会出现，由主体自身行为产生，是一种在克服困难、超越他人、完成艰巨任务等过程中获得的满足感。XBRL 作为基于 XML 技术产生的计算机标记语言，以计算机能

读懂的方式对财务数据进行标准化定义，实现数据的自由流通、交换、对比以及格式转换，不仅要求实施人员熟悉企业会计准则的实质内容，还对他们的英语水平提出了更高的要求，其固有特征就为从业人员竖立了一道坚实的壁垒。而XBRL的应用与推广不仅仅是对实施人员的巨大挑战，更对实施企业提出了高难度的要求，故而高成就需要者与XBRL工作有着更高的匹配度。管理者在挑选高成就需要者来承担XBRL工作的同时，也应完善企业的晋升环境与奖励机制，并对XBRL财务报告编制质量结果进行及时反馈，创造更有利于激发员工成就动机的环境。企业管理者采用适当措施提升财务人员成就需要后，员工对XBRL的工作态度将由被动转为主动，工作热情显著提高，更有利于XBRL工作在企业内部的良性发展。

期望是个人对特定行为将产生结果的可能性的信念，弗鲁姆认为，某一活动对某人的激励力量取决于他所能得到结果的全部预期价值乘以他认为达成该结果的期望概率。根据该公式，想要实现期望对XBRL应用的激励作用，首先需要提高XBRL本身的效价，使员工切身感受实施XBRL工作所能带来的好处，从而提升他们对XBRL的评价；其次应通过完善XBRL在企业的应用技术加强员工对XBRL的信心，增强他们对XBRL的期待值。期望水平的高低与员工对XBRL的支持度息息相关，如果财务人员认为实现XBRL在企业的推广是一件可能性很高的事，他们就会树立信心，从而精力充沛地投入XBRL工作之中；反之，则会动力不足，导致消极工作的状态。另外，与XBRL工作投入相匹配的奖励也会不同程度地满足企业员工的需求，促使员工迸发工作热情，以更饱满的状态推动XBRL的推广应用。如果XBRL推广在企业进展顺利，及时有效的反馈在提高员工与企业信心的同时也会进一步扩大员工的期待程度，激励他们怀着更坚定的信念加入XBRL的应用工作，在提高自身业务水平的同时为企业的信息化建设添砖加瓦。

目标设置可以从以下两个方面影响XBRL技术在企业中的推广。第一，利用目标的指引作用合理设置目标，指导实施人员在工作过程中趋近与XBRL推广有关的行动，使他们在对XBRL的学习与了解过程中加强对XBRL技术的信任度，而逐渐远离不利于XBRL推广的行为。一般来说，有着明确、具体工作目标的员工行为更具有针对性与匹配度，这类员工的工作绩效与完成质量要优于没有具体目标的员工，因而要通过外在与内在动力在员工心中树立明确的 XBRL 学习目标，并划分详细的进度，使员工在不断达成目标的过程中感到满足。第二，目标可以产生驱动力，难度较高的目标比难度较低的目标能唤起员工更高的努力程度，尽管目标难度因个人能力高低与经验多寡而存在一定的主观性，但其依然有着绝对性即客观上的问题处理复杂程度，绝对难度越大的目标实现起来越困难。XBRL 因其固有特征有着相当水平的难度，员工在面临挑战的时候，投入的努力随着目标难度的上升而递增。而如果 XBRL 宣传与培训不足，造成了目标绝对难度过大的情况，员工实施 XBRL 工作的努力水平不仅不会因目标难度上升而提高，反而会产生抵触心理，造成绩效下降的情况。为了避免 XBRL 实施难度超越个体能力而引发员工挫折感，企业需要加大 XBRL 的培训范围与深度，增加员工的知识与经验，通过提高员工能力降低目标的相对难度，使实施人员更加努力地投入 XBRL 财务报告的编制工作。

根据波特—劳勤综合激励理论，一个良好的激励机制能够形成激励—努力—绩效—奖励—满足的良性循环，只有处理好努力与绩效、绩效与报酬、报酬和满意度三者之间的关系，才能实现理想的激励效果。企业先要构建良好的信息传导机制，确保 XBRL 实施人员对于自身的工作内容、任务目标有着明确的定位与认识。同时，企业在选择负责 XBRL 工作的财务人员时需要考虑他们的业务能力与学习能力，以匹配 XBRL 工作需求，减少企业在实施 XBRL 过程中的内部阻碍。在推行 XBRL 技术的过程中，合理安排 XBRL 推广的进程，将其合理划分为由易到难的若干阶段，并针对每一阶段设置合理的目标，为 XBRL 实施人员提供培训与完成工作的额外奖励，既包括金钱也包括职位，以满足员工的外在需求，使其以更饱满的热情投入 XBRL 工作；同时合理设置各个阶段的难度，使其不会太难也不会太易，确保员工通过一定的努力能够实现目标，从而获得自我肯定并产生了成就感与责任感。合理衡量员工在学习与实施 XBRL 工作过程中投入的精力与努力值，根据工作完成质量提供足以匹配的报酬，进一步促进实施人员将其工作成果转化为满意度，并在提高 XBRL 实施目标效价的基础上产生激励作用，督促自己在未来付出更多的努力，推动 XBRL 技术在企业的发展。

3.4.4 人员素质、期望与 XBRL 推广

生理素质是其他素质的基础，企业财务人员自身素质可以从能力素质下属的文化素质、信息素质和业务素质三个方面衡量，文化程度较高的会计从业人员其业务素质和信息素质在一定程度上也会提高。

文化素质较高的会计从业人员的需求层次较高，他们的物质期望和精神期望在一定程度上会提高；信息素质较高的会计从业人员由于自身信息技术水平较高，因而会提高其能力水平，他们的物质期望和精神期望会随技术水平的提高而增加；业务素质较高的会计从业人员由于自身会计业务水平较高，因而会使得他们的物质期望与精神期望在一定程度上有所增加。

文化素质较高的企业会计从业人员更加清楚实施 XBRL 对企业的重要作用，其 XBRL 推广意愿更强；信息素质较高的企业会计从业人员其自身信息技术水平较高，其 XBRL 推广意愿也将会增强；而业务素质较高的企业会计从业人员其财务业务能力较强，对会计准则也更为了解，因而会促进其 XBRL 推广意愿。

物质期望是较为基础的需求，而精神期望则是更高层次的追求。因此，企业会计从业人员 XBRL 推广意愿将会受到其精神期望与物质期望的影响。对物质期望较高的会计从业人员更想获得物质上的回报，因而将会提高其 XBRL 推广意愿；对精神期望较高的会计从业人员更想实现其自身价值，满足自身精神需求，因而也将会提高其 XBRL 推广意愿（见图 3－7）。

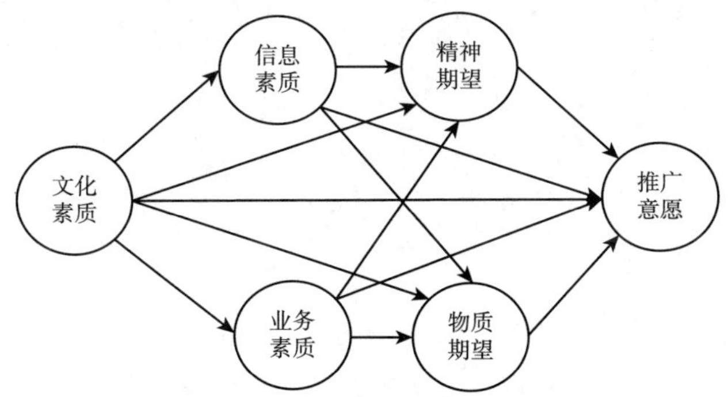

图 3－7　素质、期望与推广意愿关系

3.5　本章小结

本章总结了素质理论研究领域的代表性研究成果，认为素质是一个人能够高质量地完成工作所需的内在基本特征。在素质分类与需求理论、激励理论支撑下深入剖析企业员工的业务素质、信息素质与文化素质对 XBRL 的影响与作用机制，指出生理素质是心理素质与能力素质的基础，同时能力素质下属的业务素质、信息素质以及文化素质进行重点阐述。认为文化素质、信息素质与业务素质一定程度上对精神期望及物质期望产生正向影响，同时 XBRL 推广意愿将会受到其精神期望与物质期望的影响，因而文化素质、信息素质与业务素质可能促进 XBRL 推广意愿的提高。总结得出，人员素质在 XBRL 推广中发挥了必不可少的作用，并强调了合理设置企业制度以满足员工需求对 XBRL 在企业内推广产生的巨大激励作用。

第 4 章
XBRL 推广意愿调查分析

本章主要在对 XBRL 推广意愿的背景和推广现状进行分析的基础上，设计了针对 XBRL 推广意愿的问卷内容，并对问卷结果进行综合性的统计分析，主要涉及对 XBRL 推广意愿情况、推广驱动力以及推广问题的统计分析。

4.1 调查背景及推广现状

4.1.1 调查背景

XBRL 早在十几年前就已经开始在一些国际组织和政府部门等机构得到了有效的实施，且内容广泛，涉及金融、证券、税务、审计等相关领域。截至 2015 年底，XBRL 的应用范围已经覆盖了 50 多个国家和地区，且其国际组织成员也已经高达 550 余家。XBRL 已经成为这个会计信息化时代新的标杆，它的应用也在日益扩展。我国自 2010 年企业会计准则通用分类标准发布以来，财政部便联合银监会、国标委等组织紧锣密鼓地开展了 XBRL 通用分类标准试点实施工作，再与每年的试点工作经验相结合陆续发布了针对部分行业和监管类的扩展分类标准，应用的范围也日趋变广，由开始的大型银行、大型国企也扩展到如今的地方大中型企业，应用的深度也在逐步扩展。在逐步扩大 XBRL 应用的同时，财政部也采取了多种举措推进 XBRL 的推广工作，如对各大企业和财经领域的机构发放相关的知识手册，安排专业的培训老师到各个机构进行体验式教学，将 XBRL 真正地纳入各个从业者的视野中。

在全国推广应用工作全面开展的同时，一些问题也逐步浮出水面，例如，当前的 XBRL 的试点企业大多是由于财政部的要求强制执行的，企业主动实施的只占很少一部分；试点企业对 XBRL 应用评价不是很高，企业自身实施 XBRL 困难重重等。为具体了解企业在推广中的一些问题，保证推广工作的顺利展开，本章采取了问卷调查法，以广西未施行 XBRL 的企业为调查对象，对这些企业的基本信息、推广意愿进行了一个详细的调查，并针对调查结果中发现的问题提出针对性建议。

4.1.2 XBRL 推广现状

在对企业的推广意愿进行问卷调查分析之前，需要对我国目前的推广工作进程有一个详细的研究。我国于 2010 年正式加入 XBRL 国际组织，加入该组织后，会计信息化委员会不仅开建了官方网站，同时还以国际标准为基础制定了《企业会计准则通用分类标准》，并由财政部牵头进行大张旗鼓的推广工作。

4.1.2.1 推广范围

目前，我国虽然还处于 XBRL 的推广阶段，但取得的成绩还是不容小觑的。XBRL 的应用到现如今已遍布财政部、银保监会、国资委、证监会等政务领域，同时还有一些企业机构也纷纷进入试点阶段。

财政部开发了 XBRL 财务报送系统，应用于报送以及接收和监管单位之间，主要囊括了实例文档的报送、检查、数据分析能力。2010 年，第 21 届国际 XBRL 大会上，国家标准化管理委员会和财政部发布了通用分类标准，统一了各个企业机构编制 XBRL 财务报告的规范和标准。2010 年 12 月，财政部还要求中石油等 13 家企业和立信会计师事务所等 12 家进入 XBRL 的首批实施工作。其后，从 2011 年的 25 家企业到 2014 年的 240 家企业是通过财政部的

XBRL财务报送系统进行报送的，短短3年时间，推广进度可谓令人咂舌，此后，实施范围也在逐年扩展。

2011年，银监会便根据财政部发布的《企业会计准则通用分类标准》并结合当时银行的非现场报表要求制定了专门针对银行等金融机构的《银行监管报表可扩展商业报告语言扩展分类标准》。2012年，便有18家银行业进入了试点工作，并提交满足编报要求且质量较高的XBRL财务报告。

国资委为提高其监管效率也制定了《国资委财务监管报表XBRL扩展分类标准》，并在2014年以此为基准要求13家央企报送XBRL格式的2013年度公司财务报告。

证监会制定的《上市公司信息披露电子化规范》提出了上市公司如何披露XBRL信息的解决方法。其中，上交所是第一个正式应用XBRL的机构，经过2003年的开展准备以及2004年各个报表的实际应用，于2005年认证通过了第一个经XBRL国际组织认证的中国分类标准，此后，每一个在上交所上市的公司都必须报送XBRL格式的财务报告。紧随其后，2005年深交所也开展试点工作，在其交易网站开始披露试点公司的XBRL财务报告。

4.1.2.2 推广途径

推广现状不仅包括目前的推广范围，同时还必须明了其推广路径才可知道如何在下一步的工作中优化完善这些措施。目前国内采取的推广途径主要有以下四个方面。第一，宣传企业应用XBRL的成功经验。财政部于2015年开始广泛征集那些将XBRL技术与公司财务系统和数据处理平台有机结合的典型案例，并加以宣传推广，以达到推进XBRL的应用范围、激发企业的潜在应用动力、提升全国范围内的会计信息化水平的目的。第二，开展相关培训。从2012年开始，财政部便陆续举办了多次培训活动，例如《企业会计准则通用分类标准》实施培训班、XBRL技术培训班、XBRL内部应用培训以及多项XBRL体验公开课等。通过这些专题培训，越来越多的会计人员认识到XBRL的重要性，且熟悉了它的操作系统，为企业及各个事业单位源源不断地输送技术人才，大力推动了XBRL的实施。第三，发放知识手册。财政部于2014年编订了XBRL知识手册，便于XBRL相关知识的普及。该知识手册分为基础、进阶和相关知识三个部分，其中基础篇主要涵盖了 XBRL 的内涵、特点等基本情况；进阶篇主要包括技术层面的原理、通用分类标准等内容；相关知识则主要阐释了 XBRL 衍生的一些工具，如 XBRL GL、应用软件的测试等。第四，举行相关知识竞赛。为了将 XBRL 相关条例真真正正地落到实处，2015 年财政部便联合中国会计报举办了全国会计信息化知识竞赛，主要涉及会计信息化方面的基础知识，竞赛在各个财政部门的大力支持下取得了不错的成效。

在对 XBRL 应用的大背景及其推广现状进行基本研究之后，以此研究为基础更有利于本书在问卷调查中设计更加有针对性的问题，保证问卷调查与本书研究主题的契合度。

4.2 调查设计

企业技术创新扩散是将创新的技术通过一定的渠道在社会上传播的过程（Robb et al.，2016）。在一定程度上，技术创新扩散理论把企业自身条件看作影响新技术扩散的重要原因。因此，企业实施 XBRL 的影响因素主要在于企业的信息化水平和企业人员素质情况。而根据麦克莱兰提出的“素质冰山模型”可知，“冰山以上的部分”包括知识与技能，其中知识就是一个人通过学习和经验所掌握的理论知识，技能则包含在知识之内，指的是人处理特定工作的能力，即拥有的针对性知识，两者都属于外在表现，通过短期培训即可产生明显提高，易于培养和评价。故针对财务工作的性质，我们选择从文化素质、信息素质和业务素质三个方面衡量企业财务人员自身素质。

根据马斯洛需求理论、ERG 理论和期望理论，需求可依迫切程度自下而上划分为五个类别，分别是生理需求、安全需求、社会需求、尊重需求、自我实现需求。而期望基于需求产生，期望理论由弗鲁姆（Vroom，1964）提出，它的基础是：人之所以能够从事某项工作并达成目标，是因为这些工作和组织目标会帮助他们达成自己的目标，满足自己某方面的需要。故人为了满足自己在某方面的期望和需求会去做某些事情，由上述理论可知，物质期望是较为基础的需求，而精神期望则是更高层次的追求。只有满足了物质需求才有可能进一步去追求精神需求，因此，本书在进行模型假设和问卷设计时考虑到了这两个方面需求对 XBRL 推广意愿的影响。

4.2.1 调查目的

从“十二五”期间开始，推进 XBRL 技术在我国的应用便成为会计信息化建设的重要内容之一，随着通用分类标准实施范围的稳步扩大，基于 XBRL 的标准财务报告平台建设已经初见成效。2016 年，财政部印发的《会计改革与发展“十三五”规划纲要》也提到要加强会计信息化建设，而其中最重要的便是要积极参与可扩展商业报告语言（XBRL）等国际标准制定工作，全面提升我国在会计信息化领域的国际影响力。就目前 XBRL 的实施效果来说，除去试点企业在应用过程中存在一些问题以外，其推广过程也存在阻碍，为具体了解推广工作中的这些问题，有必要对未实施企业的 XBRL 推广意愿进行调查，因此，本书针对未实施 XBRL 企业的财务状况、信息化程度以及它们对 XBRL 的推广意愿等方面进行了问卷调查，以期通过调查分析存在的问题，从而对提高企业应用 XBRL 的积极性、政府制定相关鼓励领导政策起到积极作用。

4.2.2 问卷设计

为了解掌握企业的基本情况及其对 XBRL 的满意度、期待的推广方式以及推广困难等实际情况，本书设计了“XBRL 未来推广调查问卷”。问卷共分为五个方面内容：一是企业基本信息情况调查。形式为选择和填空，主要涉及企业性质、所属行业、财务信息和信息化情况；二是企业对 XBRL 未来推广应用的看法。全部为打分题（分值划档为 0 ~ 10 分），分别从企业对 XBRL 的整体认可度、XBRL 对企业管理水平的提升度以及 XBRL 对企业信息化水平的作用程度三个方面让企业为 XBRL 的推广意愿情况进行打分，调查了解企业的相关态度；三是企业对 XBRL 未来推广方式的意愿情况。从 XBRL 的未来实施方式（信息化角度）、应用软件的推广方式以及 XBRL 的推广实施方式三个维度了解企业所期待的实施方式；四是企业对推动 XBRL 实施方面的认知情况。包含企业可以继续坚持实施 XBRL 的举措、XBRL 的驱动因素以及如何更好地实施 XBRL 三个方面的认知情况；五是企业对 XBRL 推广的问题认知情况。主要从不同类型企业推广难度、不同规模企业推广难度及推广时间以及 XBRL 在推广中的问题三个维度进行调查。问卷具体分类情况如图 4－1 所示。

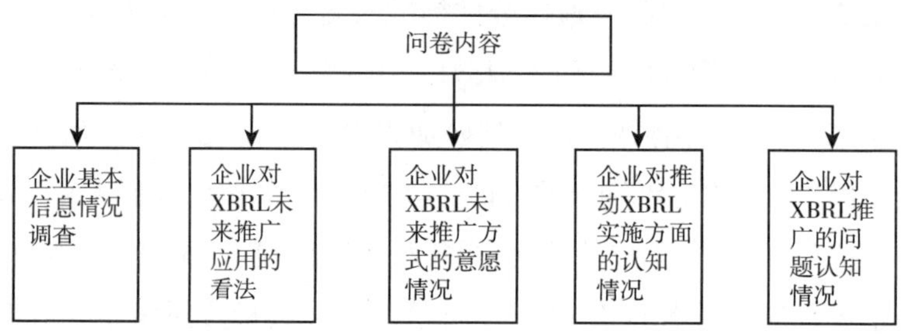

图 4－1　本次问卷调查的内容分类情况

4.2.3　调查对象及问卷回收

考虑到企业实施 XBRL 的前提是有雄厚的资金储备、快速的适应能力以及对财会部门足够的重视程度，因此，本次问卷调查主要针对广西壮族自治区一些资产规模具有代表性且在《广西“十百千”拔尖会计人才培养规划》范围内的前 280 强，但并未应用 XBRL 的大型企业发放。本次问卷通过自治区财政厅的牵头支持以及相关专家的广泛宣传进行发放，为保证问卷的客观性，由被调查企业的财务负责人或者普通会计人员进行填写，在规定时间内共回收 272 份问卷，剔除企业基本信息、推广意愿和人员素质含缺失值以及打分均为 0 分和 10 分的问卷，回收完整有效的企业调查问卷 124 份。本书的问卷测量了 6 个不同的变量，按照样本数据法则要求，变量数与有效问卷数应为 1:10，对于本书研究来讲，回收的有效问卷数量可以进行完整有效的分析。

经统计，参与调查的企业中有 5 家属于民营企业（占比 4%），4 家为其他（占比3%），剩余的115家均为国有或国有控股企业，所占比重极大，达到了93%，说明调查对象以国有企业居多。从所属行业来看，调查对象涉及了16个行业，其中，所占比重较大的是以下五类行业：建筑业企业和交通运输、仓储和邮政行业分别为23家，是所占比重最大的两个行业（占比均为19%），制造业企业18家（占比15%），金融类企业和房地产类企业分别为10家（占比8%）。从经营结果来看，利润率为正，企业近年处于盈利状况的有108家（占比87%），利润率为负，企业近年处于亏损状态的有16家（占比13%），可以发现大部分的企业处于利润增长、资金链充裕状态。从融资水平来看，一般国内以资产负债率40%～60%为最适宜的界限，若企业的资产负债率低于40%，则说明企业的融资能力弱；若企业的资产负债率高于60%，则说明企业的融资风险过大。被调查的企业中，有35家企业融资能力不强，资产负债率低于40%（占比28%），有66家企业融资风险过大，资本负债率高于60%（占比53%），有23家企业的融资水平良好（占比19%），基本上大部分企业的资本以对外融资为主，现金流也就更加自由。从公司的信息化水平看，应用财务软件的年限在0～5年的有20家企业（占比16%），6～10年的有22家企业（占比18%），11～15年的有42家企业（占比34%），16～20年的有30家企业（占比24%），在20年以上的有10家企业（占比8%），说明企业应用财务软件的时间大都集中在10～20年，超过一半的企业自身的信息化水平并不是很低。从企业的财务规模来看，财务人员总数在0～50人的有73家企业（占比59%），51～100人的有30家企业（占比24%），101～150人的有10家企业（占比8%），151～200人仅为2家企业（占比2%），200人以上的有9家企业（占比7%），可以发现财务人员总数在0～50人的企业达到了一半以上，说明大部分的公司财务规模还不是很大，主要的原因可能是与企业自身规模的限制以及公司财务业务活动数量的限制有关。从企业对XBRL的推广程度来看，财务人员经过XBRL培训的企业只有7家，占比仅为6%，且这7家企业经过XBRL培训的财务人员/财务人员总数分别为2.5%、1.5%、2.9%、7.7%、18%、7.7%和5%，可见大部分企业对XBRL的推广积极性极其低沉。参与调查企业的基本情况如表4－1所示。

表 4-1　　参与调查企业的基本情况　　单位:%

项目	类别	比例	项目	类别	比例
所属行业	制造业	15	经营成果	盈利企业	87
				亏损企业	13
	金融业	8			
	批发零售业	6	融资水平	融资能力弱	28
	建筑业	19		融资水平良好	19
	房地产业	8		融资风险过高	53
	农林牧渔业	1	应用财务软件年数	0~5 年	16
	采矿业	3		6~10 年	18
	住宿和餐饮业	2		11~15 年	34
	信息传输、软件和信息技术服务业	6		16~20 年	24
	居民服务、修理和其他服务业	2		20 年以上	8
	电力、热力、燃气及水生产和供应业	3			
	租赁和商务运输业	5	财务人员总数	0~50 人	59
	交通运输、仓储和邮政业	19		51~100 人	24
	科学研究和技术服务业	2		101~150 人	8
	水利、环境和公共设施管理	2		151~200 人	2
	文化体育和娱乐业	1		200 人以上	7
公司性质	国有或国有控股企业	93	财务人员是否经过 XBRL 培训	是	6
	民营企业	4			
	其他	3		否	94

经过对调查对象基本情况的初步分析，大致可以发现这些公司大都处于规模大、资本以举债为主、信息化水平高于平均水平但财务规模不大、对财务活动重视不够的状态。同时最不容忽视的就是这些企业对 XBRL 的推广积极性很低，那么这些企业究竟为何在如今的会计信息化浪潮里对新兴的财务报告技术实施主动性如此差，为此很有必要进一步对这些企业的推广意愿分门别类地进行具体分析，以期可以找出其中的原因，从而有针对性地推动 XBRL 下一步的推广工作。

4.3　XBRL 推广意愿情况

问卷的第二部分也即对 XBRL 推广意愿的调查，共涵盖 13 个题项，其中，前 10 个题目是针对推广意愿的基本情况以打分的形式进行的，由被调查者在 0~10 分的档内按照自身意愿情况进行填写；后 3 个题目为多选和问答形式，主要询问被调查者所希冀的推广方式。因此，本部分的调查结果可以划分为两个层面进行分析：一方面是企业对 XBRL 推广意愿的基本情况；另一方面是企业所期望的推广方式。

4.3.1 企业对 XBRL 的推广意愿基本情况分析

本部分调查涉及 10 个题项，均以打分的形式进行，主要是从企业对 XBRL 的总体满意度、管理提升度、信息化水平提升度以及人员水平提升度四个维度进行评价的。

在分析该部门的调查结果之前，需要对问卷结果的信度与效度进行考察。信度主要用于检测问卷结果的稳定性及一致性，量表的信度越大，其测量误差越小。本书采用 Cronbach's Alpha 系数的大小衡量该问卷的信度，一般而言，问卷的信度系数达到 0.9 以上，该问卷调查的信度就较好，本问卷的信度系数达到了 0.966，可以说问卷设计十分合理。效度则是检测问卷中每一个具体的题项是否有效，即每一个题项是否能有效地针对研究主题搜集到数据。首先对问卷进行了因子模型适应性分析，结果显示，问卷数据的 KMO 值为 0.934，并且通过了显著性水平为 0.05 地巴特利球型检验，因而说明问卷调查的数据非常适合做因子分析。而后对问卷进行的因子分析结果显示 Q1 ~ Q10 这 10 个题项在成分一（对 XBRL 的满意度）上的载荷均大于 0.5，因此，这 10 个题项是有效度的，能够针对性地反映企业对 XBRL 推广意愿程度。综合以上的全部分析，可知该问卷信度效度兼备，可以进行下一步的分析。

先对推广意愿四个维度的总体结果进行简单的分析，具体调查结果如表 4 - 2 所示。可以看到所有问题的打分均值均在 6 分以上，这说明企业对 XBRL 的推广意愿程度整体上还是比较高的，但其中的推广迫切度、管理绩效提升度和业务水平提升度打分较其他题项低。下面将对这 4 个维度的调查情况具体进行阐述。

表 4-2　　推广意愿基本情况调查结果

量表		题项	应用效果（%）					加权平均分
			0~2分	3~5分	6~8分	9~10分	合计	
推广意愿	总体满意度	总体认可度	1.61	18.55	53.23	26.61	100	7.01
		企业形象提升度	1.61	15.32	56.45	26.61	100	7.12
		推广迫切度	3.23	27.42	47.58	21.77	100	6.53
	管理提升度	管理绩效提升度	4.84	14.52	54.03	26.61	100	6.94
		报送报表工作量降低度	3.23	12.10	53.23	31.45	100	7.23
		主管部门管理提升度	1.61	12.10	63.71	22.58	100	7.10
	信息化水平提升度	财务信息可比提升度	1.61	9.68	59.68	29.03	100	7.34
		财务信息利用效率提升度	1.61	12.10	58.87	27.42	100	7.23
		信息化水平提升度	2.42	8.87	56.45	32.26	100	7.40
	人员水平提升度	业务水平提升度	4.03	12.90	59.68	23.39	100	6.96

4.3.1.1　总体满意度

为调查企业对 XBRL 的总体满意程度，问卷设计了“您对 XBRL 推广应用的认可程度”“推广应用 XBRL 对提升企业外部形象的作用”“您认为 XBRL 推广培训的迫切程度”三个问题供调查对象评价。对此评价结果如图 4-2 所示，有超过 80% 的企业对 XBRL 的应用表示认可，并认为应用 XBRL 可以提升企业的外部形象。但在企业对 XBRL 总体评价不低的一个整体态势下，它们对 XBRL 培训的推广迫切程度并没有如预期一般高涨，从结果中看，反而 6 分以上的评价不到 70%。因此可初步推断，即使这些企业知晓

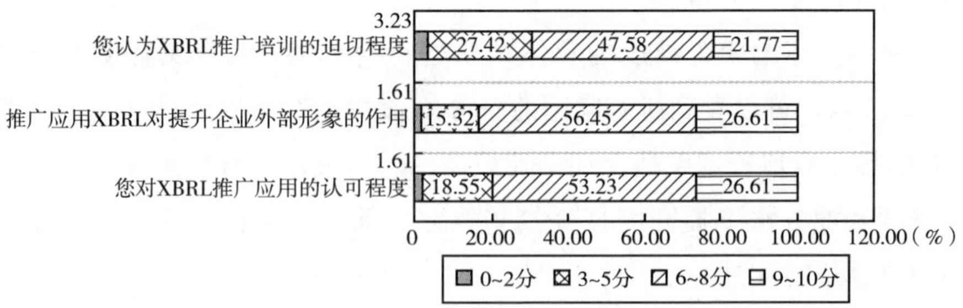

图 4-2　对 XBRL 总体满意度的百分比堆积

应用 XBRL 的优势，但仍有其他原因对 XBRL 的推广工作形成了障碍，对于这些原因还有待进一步探究。

在对 XBRL 的总体评价进行分析后，下述将继续从 XBRL 对管理、信息化水平、人员水平这三个企业的具体应用方面的提升评价结果进行深入分析。

4.3.1.2 管理提升度

问卷针对 XBRL 对企业管理水平提升度的评价，将此分为三类：首先是对管理绩效的一个总体评价；其次再分为对报送报表工作量降低度和主管部门管理提升度两个具体应用层面的评价。对管理绩效总体评价的结果如图 4－3 所示，有 67 家企业对此打分在 6～8 分（占比 54.03%）有 33 企业对此评价在 9 分以上（占比 26.61%），仍是有超过 80% 的企业认为 XBRL 的应用可以大幅提升管理绩效。

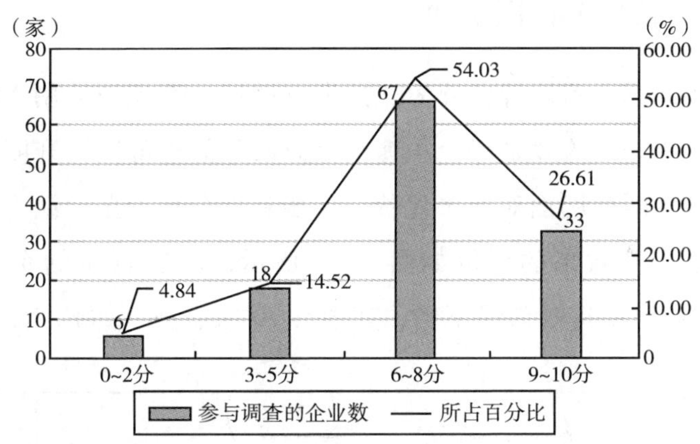

图 4－3 对管理绩效提升度的调查结果

具体来看，企业对报送报表工作量降低度和主管部门管理提升度的评价结果如图 4－4 所示。可以发现，在对两方面的打分处于 6 分以上的分别有 105 家企业（占比 84.68%）和 107 家（占比 86.29%），可以说，有很大一部分企业对 XBRL 在这些方面的提升效果是比较认同的。具体相比较来看，有 39 家企业（占比 31.45%）对 XBRL 可以降低报送报表的工作量非常赞同，给到了 9～10 分的分数，而对于提升主管部门管理水平方面，有 28 家企业（22.58%）的评价是 9～10 分，相对于降低报送报表工作量方面稍稍逊色。

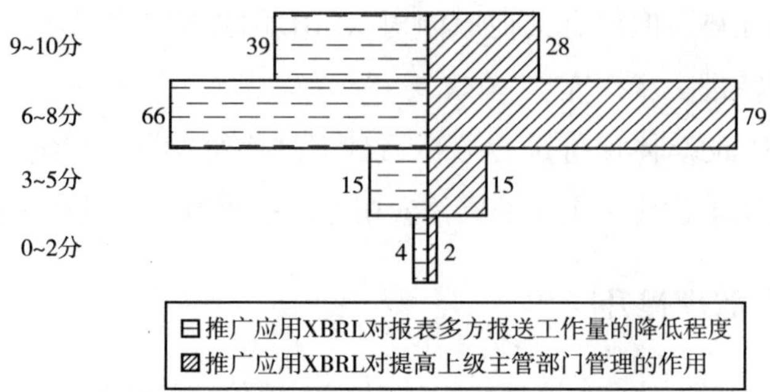

图 4-4　对报送报表工作量降低度和主管部门管理提升度的调查结果

综合以上调查结果来看，很大一部分企业认为应用 XBRL 可以大幅提升公司的管理绩效、上级主管部门的管理以及大幅降低报送报表的工作量，同时它们认为 XBRL 对降低报送报表的工作量方面的效果更为好一些。

4.3.1.3　信息化水平提升度

问卷针对此方面的评价也分为三类进行讨论：首先是应用 XBRL 对企业整体的信息化提升度的效果评价；其次分为财务信息可比提升度和财务信息利用效率提升度两个层面对效果评价进一步具体分析。企业认为 XBRL 对企业信息化水平提升效果的评价如图 4-5 所示，超过 80% 的企业认为应用 XBRL 对信息化水平提升效果不错，其中有 70 家企业（占比 56.45%）认为

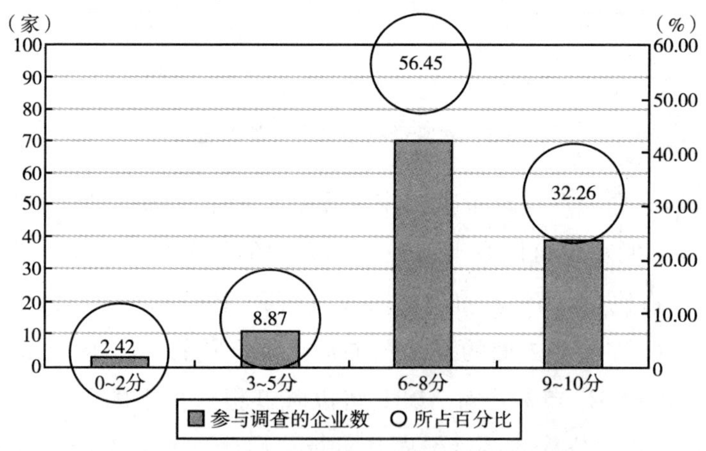

图 4-5　XBRL 对信息化水平提升度的调查结果

提升效果偏好，有40家企业（占比32.26%）认为应用XBRL可大幅提升企业的整体信息化水平。

XBRL对企业信息化水平的提升主要体现在对财务信息可比性的提高以及对财务信息利用率的提高两方面，因此，本问卷专门针对此也提了相关问题要求企业进行评价。评价结果如图4-6所示，110家企业（占比88.71%）认为应用XBRL可以提高公司的财务信息可比性，107家企业（占比86.29%）认为应用XBRL可以提升企业的财务信息利用效率，两者相距不是很大，同时也不难发现企业对两个方面打分的情况基本相差无几，说明大于80%的企业均认为XBRL对这两个方面的提升效果不错且认为这两者的提升效果应是同步上升的。同时也应注意到对这两个维度打高分的人占比并不是很高（分别为29.03%和27.42%），绝大部分的企业都给出了6~8分的评价，证明大多数企业对XBRL是否能够大幅提升财务信息的可比性以及利用效率持保守态度。

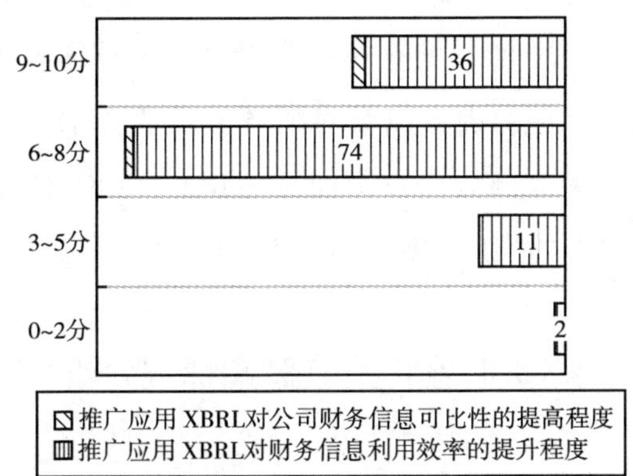

图4-6 XBRL对财务信息可比提升度和财务信息利用效率提升度的调查结果

4.3.1.4 人员水平提升度

对于XBRL是否能够提升财务人员的业务水平，问卷设计了“推广应用XBRL对财务人员业务水平提高程度”问题以衡量企业对此方面的评价。83.07%的企业评分在6分以上，接近60%的企业认为提升效果不错，但是打高分的企业偏少（占比仅为23.39%），在四个维度的效果评价里算是低比例，具体调查结果如图 4 - 7 所示，这可能是由于企业在打分的时候偏保守态度或者是大部分的企业认为 XBRL 对提升财务人员的业务水平方面没有对其他方面的提升效果显著。

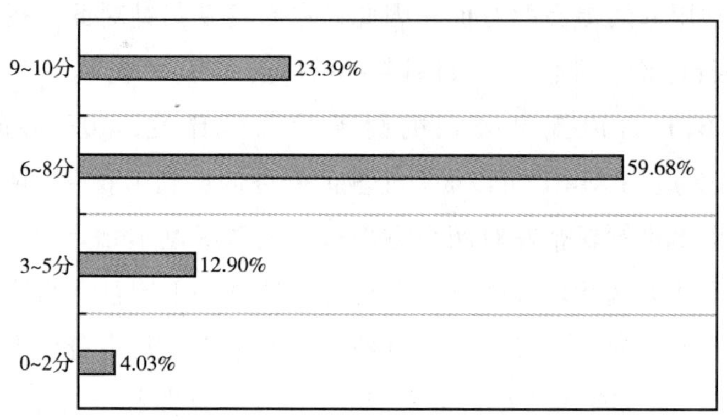

图 4 - 7　XBRL 对财务人员业务水平提升度的调查结果

综合上述四个维度的调查结果，从 XBRL 可以为企业带来的核心竞争力方面来说，可以发现超过 80% 的企业认为 XBRL 的总体效果、对管理绩效的提升、对企业信息化水平的提升以及对财务人员业务水平的提升效果还是比较显著的，这也说明绝大部分企业都能够意识到 XBRL 的优势，另一层面可以反映出企业对 XBRL 的推广意愿还是比较强烈的。

4.3.2　企业对 XBRL 推广方式意愿情况分析

在大体了解了企业对 XBRL 的基本认知之后，为确保 XBRL 在各企业的顺利推广，仍需对企业自身所赞同的推广方式进行调查。为此，本问卷设计了三个维度进行探讨，分别是 XBRL 的软件应用方式、软件推广方式以及其实施方式，选项里基本涵盖了目前所有的应用方式供这些企业进行选择。该部分的回答均为单选，主要目的在于调查参与者所期待的所有推广方式。

4.3.2.1　软件应用方式

问卷给出了目前应用 XBRL 的企业所采用的三种方式供企业进行选择，

分别是“独立完整的 XBRL 工具软件自动完成”“集成在现有的财务软件系统内部自动完成”“在辅助软件的基础上加上人工干预”，同时，还设置了“其他”选项供有除选项之外方式意愿的调查者进行填写。调查结果如图 4 - 8 所示，可以发现对“集成在现有的财务软件系统内部自动完成”这一应用方式的选择基本呈一边倒状态（选择该方式的有 102 家企业，占比 82.26%），也有 18 家企业（占比 14.52%）选择“独立完整的 XBRL 工具软件自动完成”这一方式。这一结果表明，多数企业还是希望 XBRL 软件的应用应直接与原先的财务软件相融合，这可能是因为它们认为这种方式更有利于员工对新技术的学习与操作，同时需要花费的成本也更低。

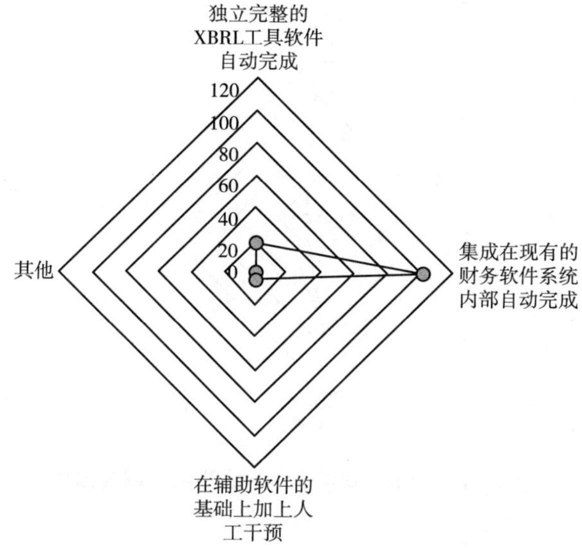

图 4 - 8　XBRL 软件应用方式意愿的调查结果

4.3.2.2　软件推广方式

在对软件具体应用方式的意愿进行了一个详细调查之后，进一步对 XBRL 的软件推广方式进行调查，问卷同样设计了四个选项供被调查者进行选择：“财务软件内置”“企业自行开发”“财政厅统一下发软件”“其他”。调查发现，这些企业所期望的首要推广方式是财务软件内置（有 75 家企业选择该方式，占比 60.48%），然后是财政厅统一下发软件（有 41 家企业选择该方式，占比 33.06%），选择在企业自行开发的企业很少（仅有 5 家企业，占比 4.03%），同时还有 3 家企业选择了其他，并填写了“财务软件内置且留有可扩展通道，由国资委、财政厅等部门统一口径并免费下发使用”这种应用方式，具体情况如图 4－9 所示。综合调查情况来看，多数企业不会选择自己主动开发 XBRL 软件，它们更多是希望可以在原有软件的基础上来推进这一新兴技术的实施，这可能是由企业研发能力不足以及投入成本高昂等原因所造成的。同时也注意到大部分企业将 XBRL 的推广推动力集中在政府、财政厅等部门的强制执行上，从自身出发进行内部推动的因素很少，这也成为影响 XBRL 推广工作进度的一个原因。

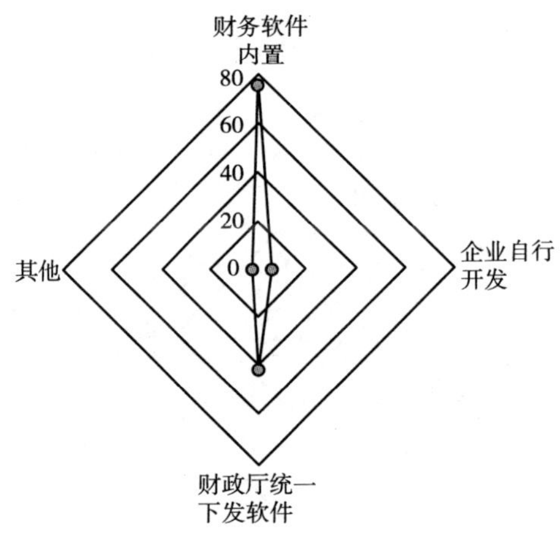

图 4－9　XBRL 软件推广方式意愿的调查结果

4.3.2.3　实施方式

针对 XBRL 软件方面的应用与推广进行了分析之后，接下来便是对 XBRL 整体实施方式的调查，对于此，问卷设计了“本单位实施人员自主完成”“外包给软件商或会计服务机构”“各实施单位在统一的时间和地点集中完成”“财政厅、高校指派技术人员协助本单位实施”以及“其他”。调查结果如图 4－10 所示，“外包给软件商或会计服务机构”“财政厅、高校指派技术人员协助本单位实施”是企业认为最适宜的两种推广方式（占比分别为 45.97% 和 33.06%），相较于由企业自身独立完成 XBRL 的实施和规定完成时间的方式来说，承包给外部单位和请其他人员协助对于规模不是特别大，资金没有十分充厚，研发团队能力一般的公司是一个不错的选择。同时也揭示了大部分企业在实施 XBRL 的过程中存在成本和技术能力的限制。

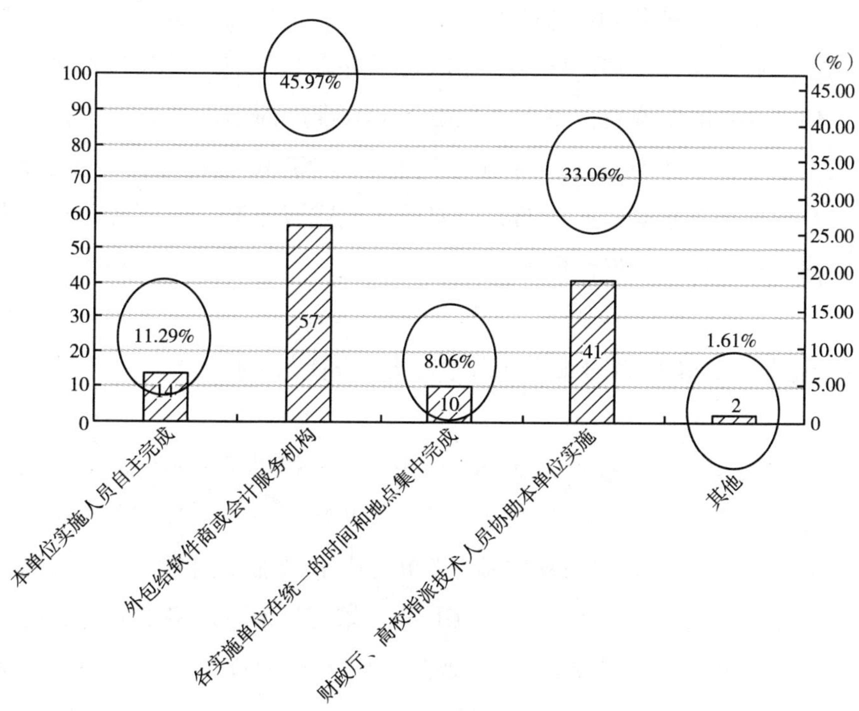

图 4 – 10　XBRL 实施方式意愿的调查结果

综合两部分的调查结果来分析，不难发现，即使大部分的企业都能够清晰地认识到 XBRL 为企业所能带来的优势，但是在推广应用方面却并没有足够的积极性，这其中的原因可能有三个方面：（1）企业把 XBRL 推广实施的工作主要推给了财政厅等政府部门，并没有从自身认识到推广应用的必要性；（2）大部分的企业资金储备率一般、财务方面的研发能力不足，尤其是实施 XBRL 的成本不菲，因此，费用问题成为这些企业在推广工作中的一个首要考虑因素；（3）从大部分企业都选择把 XBRL 软件内嵌在已有的财务软件中不难认定，员工对新技术的学习懒惰性也可能成为 XBRL 推广工作中的一个主要障碍。

4.4 XBRL 推广的驱动力分析

在调查了企业对 XBRL 推广的基本意愿之后，为进一步扩大 XBRL 的应用范围，推进其在各公司的实施，还需要了解有利于推广 XBRL 的举措有哪些，以便为今后的工作打好基础。在对 XBRL 推广的驱动力调查中，问卷设计了两个题项，一个是要求企业选出促进推广 XBRL 的措施，为多选形式；另一个是要求企业根据这些驱动力因素的强度进行排列，以便找出最有力的引导因素，避免在推广工作中走弯路。

4.4.1 企业对 XBRL 推广措施认知情况分析

首先本问卷针对能够促进 XBRL 应用的措施提供了五种做法供被调查企业进行选择，分别是“国家要求推广实施 XBRL 工作”“对实施企业、参与实施人员进行适当物质或精神奖励”“单位内部增加专门的 XBRL 实施人员岗位”“对实施人员进行系统的 XBRL 知识培训，掌握必备技能”“会计主管机构制定合理高效的实施机制”，此外，问卷还设置了“其他”选项集思广益，鼓励企业填写另外的有效措施。该题项为多选形式，所计算百分比 = 频数/本题填写企业数。调查结果显示，大部分企业认为由国家要求推广实施是最为有力的推广措施；同时也有相当一部分的企业认为对实施人员进行相关的培训以及制定合理的实施机制对于推广工作来说同等重要；相比之下，物质激励和企业内部的增岗就显得没有那么有效。除此之外，还有 6 家企业填了“其他”（占比 4.88%），这些额外的措施大致可以分为两类：一种是由企业的领导自上而下进行推动；另一种是企业能够意识到对企业经营决策及绩效管理有明显的改进作用，调查结果如图 4 - 11 所示。

值得关注的是，大部分公司认为国家的强制性要求对推广工作的效果更为显著，这一点与之前在对推广意愿情况结果分析中的“大部分企业主要依

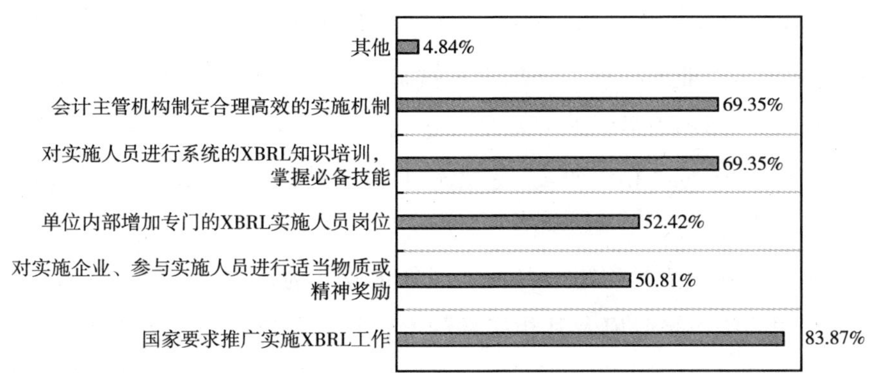

图 4－11　促进 XBRL 推广措施的调查结果

靠外力推动 XBRL 的实施”相一致，说明这是我国制约 XBRL 应用范围的一个普遍存在的重要因素。

4.4.2　XBRL 推广驱动因素的强度分析

了解了有效的驱动因素之后，还需要具体分析这些因素的有效程度。本问卷要求对所列出的三种驱动因子（政府主管部门推动、企业内部自觉驱动和外部竞争被迫实施）按照作用强度进行排序，之后统计每种因素的综合得分，每个因子的综合得分 =（∑各个强度的频数 × 强度等级对应的权重/本题填写企业数，权重由该因素强度大小决定，强度最大的因子赋值为 30，强度第二的因子赋值为 20，强度最弱的因子赋值为 10）。结果如图 4－12 所示，

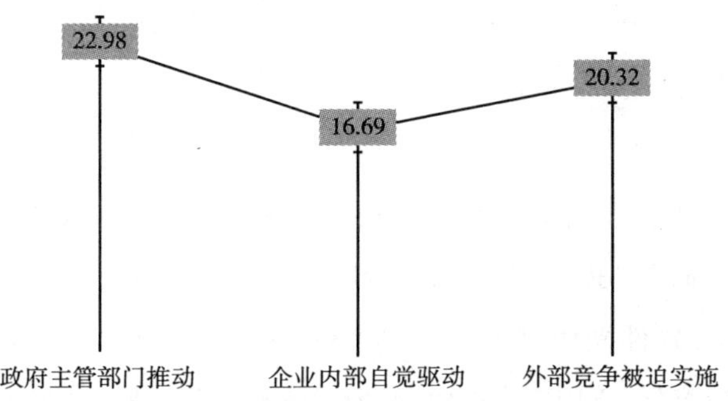

图 4－12　三种驱动因素的平均综合评分

综合得分最高的也即驱动力最强的因素为政府主管部门的推动，综合得分为 22.98；驱动力一般的因素为外部竞争被迫实施，综合得分 20.32，与上一级相距 2.66 分；驱动力最弱的因素是企业内部自觉驱动，综合得分 16.69，与上一级差距 3.63 分，相较而言，差距较大，说明企业感觉此因素对 XBRL 的推广效用性很低。

就驱动力调查情况整体来看，大部分企业认为，对于 XBRL 的推广工作起主导作用的应该是政府及其相关部门等机构，强制性占主要因素。这些企业将来更有可能是因为强迫性而接受 XBRL 的使用，企业缺乏对 XBRL 推广的内部自觉性，因此，相关领导也不会将此项工作严格认真地落到实处。但不得不说，从目前来看，国家的制度要求和政府部门的强迫无疑是最有效的推动力。

4.5 XBRL 推广的问题分析

除了对驱动力进行调查，仍需对推广过程中的问题进行了解，便于今后“对症下药”，加快 XBRL 的推广进度。对于本部分的调查，本问卷设计了三类题项：第一类是要求企业从所给的选项中挑选困难因素，该题项为多选形式；第二类是要求企业对不同类型、不同规模的企业按照推广难度进行排序；第三类是要求企业对大、中、小微型企业的推广时间按照其主观认知进行填写。

4.5.1 推广问题

问卷提供了“企业对 XBRL 普遍缺乏正确认识”“XBRL 与企业内部信息系统之间尚未打通”“现阶段我国 XBRL 分类标准未统一”“企业领导重视程度不够”“XBRL 软件操作难度较大”“XBRL 软件的学习难度大”“XBRL 应用的时间成本较高”“XBRL 应用的人力成本较高”“XBRL 应用的财力成本较高”9 个选项供企业进行挑选，同时针对不太了解 XBRL 相关情况的被调查者，问卷还设计了“不清楚”题项进行选择。同样由于是多选题，所以选用和上述一样的处理方法：所计算百分比 = 频数/本题填写企业数。调查结果如图4－13所示，企业对于这些困难因素的选择大部分集中在 XBRL 软件与企业内部系统融合性差、软件学习难度大以及企业对 XBRL 认识不够这三方面（分别占比96.77%、95.97%、91.13%），另外认为选择分类标准不统一、领导不够重视的企业也有很大一部分（分别占比70.16%、69.35%），相对来说，企业认为应用的时间、人力、财力和软件操作难度困难度一般，并不足以成为主要的妨碍。

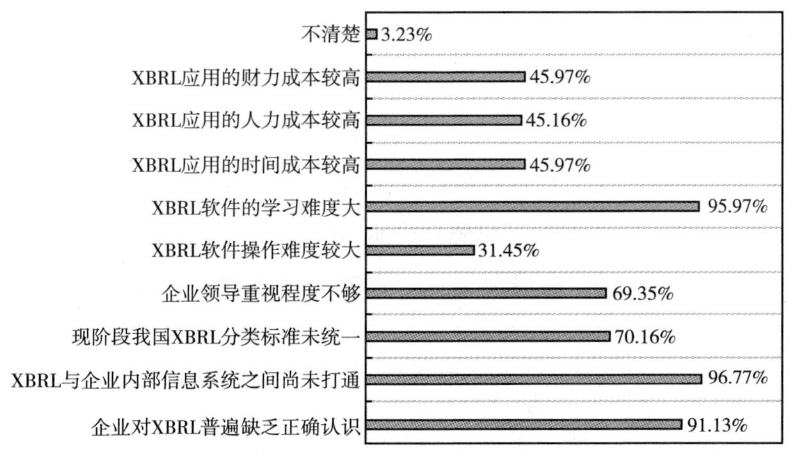

图4－13　XBRL 推广困难因素的调查结果

4.5.2　不同企业推广难度

问卷分别从企业的类型和企业的规模对 XBRL 的推广难度进行调查，此题项要求排序，因此，依旧按照上述方法计算每种企业推广难度的评分：每种企业的综合得分 =（∑各个难度的频数 × 难度等级对应的权重/本题填写企业数，权重由该难度大小决定，最难的企业赋值30，难度中等的企业赋值20，难度最易的企业赋值10），得分越高说明该类型企业推广难度越大，得分情况如表4－3所示。

表 4-3　　不同企业推广难度得分情况

企业类型/规模	难度最易	难度一般	难度很大	频数×权重	平均综合得分
国有控股企业	100	8	16	1640	13.23
民营企业	13	122	9	2840	22.90
其他	11	14	99	3360	27.10
大型企业	71	16	37	2140	17.26
中型企业	22	101	1	2270	18.31
小微型企业	31	7	86	3030	24.44

可以发现，从企业类型来看，推广难度最大的为其他，与其他性质确定的公司相比，其他类型的企业确实给回答者的推广难度感觉要大一些。同时这也很可能是由于部分回答者在排序的时候都潜意识地将国有和民营两大类企业进行比较，而从主观上因为对其他类型企业的不了解，而将其排在最后，也即推广难度最大。国有企业和民营企业相比得分偏低，说明大部分企业认为国有企业推广难度低，这可能是由于国有企业大多资金雄厚且相对民营企业来说面对的政府部门的强迫性压力更大，这些都会导致国有企业推广 XBRL 相对容易一些。

从企业规模来看，推广难度最容易的是大型企业；中型企业次之，且得分仅与大型企业差 1.05 分，差距并不是很大；难度最大的是小微型企业。这样的调查结果很符合原先的预期与实际情况，客观来说，企业如果要应用 XBRL，必须有其雄厚的资金实力以及研发实力做后盾，同时相关的培训也要如期开展，对财务人员的要求相应也会更严苛。而大型企业不论从资金储备、人员还是与相关政府部门的接轨都要比小微型企业做得更好，因而也不难得出它是推广难度最易的规模。

4.5.3　推广时间

针对该问题，问卷是将企业分为大型、中型和小微型企业，要求被调查者分别对这三种类型企业所需的推广时间进行填写。根据填写情况，可以将时间段划分为1年、2年、3~5年和5年以上四个层次。调查结果显示，被调查者普遍认为大型企业的推广时间集中在3~5年，且认为其推广时间为1年的占比是三者中最少的，基本可以确定由于规模的庞大，导致其引入一项新技术到将公司的基本业务活动全面涵盖进此项技术这一过程需要不短的时间，因而它的推广时间普遍认为是最长的；中型企业推广时间占比较大的则主要集中在2~5年这个时间段，相对来说，推广时间处于中间位置，不长不短；小微型企业的极端化比较严重，有35%的被调查者认为其推广时间仅需1年，而同时也有33.75%的企业认为小微型企业需要5年以上的推广时间，造成这种现象的原因可能是一部分被调查者认为小型企业规模小，应用新软件的速度也快，因而推广普及速度也不慢，而另一些企业则认为小型企业设施不完善、没有足够的资金担负应用XBRL的各项成本、没有足够的相关知识培训都会导致这类企业难以在很短时间内全面推广XBRL。具体结果如图4－14所示。

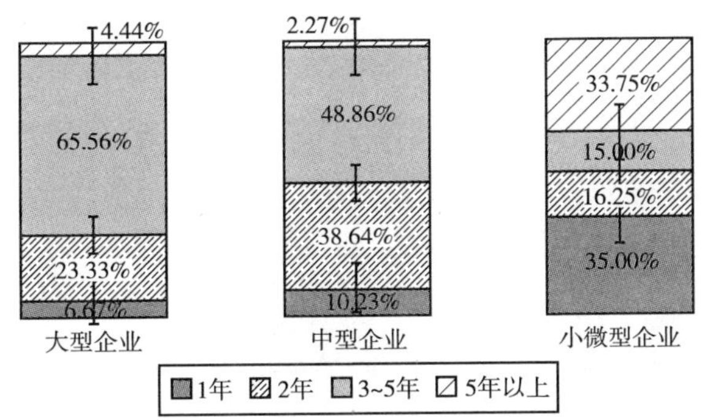

图4－14 不同规模企业推广时间调查结果

4.6 本章小结

本章通过分析针对企业推广XBRL意愿情况的调查问卷，发现绝大部分的企业都能够意识到XBRL的优势，它们认为XBRL的总体效果、对管理绩效的提升、对企业信息化水平的提升以及对财务人员业务水平的提升效果都是比较显著的，推广意愿总体上并不弱。但是，在 XBRL 的推广过程中，企业把 XBRL 推广实施的工作主要推给了财政厅等政府部门，并没有从自身认识到推广应用的必要性，这构成了目前推广工作进展效率低下的主要原因。同时企业设施不完善、没有足够的资金担负应用 XBRL 的各项成本、缺乏相关知识的培训都从不同程度上成为 XBRL 推广工作的一些阻碍。只要针对这些问题逐一排解，XBRL 终将会成为企业机构的不二选择。

第5章
XBRL 推广意愿评价与影响因素分析

本章以广西壮族自治区为例，通过相关文献梳理和问卷调查分析确定 XBRL 推广意愿影响因素，建立 XBRL 推广意愿评价指标体系，借助 CRITIC 赋权法对评价指标的权重进行赋权，继而通过 TOPSIS 评价法计算指标的综合得分。随后，本章采用独立样本 t 检验分析 XBRL 推广意愿的异质性，并通过回归分析、分位数回归研究其影响因素，最终根据研究结果得出相应的研究结论。

5.1 引　　言

20 世纪 90 年代末，查尔斯·霍夫曼等（Charles Hoffman et al.）提出将 XML 引入财务报表中，对财务信息进行标记。此后，XBRL 作为一种基于 XML 的财务报告语言，开始广泛进入人们的视线。1998 年，美国注册会计师协会（AICPA）将 XBRL 语言引入财务报告中。随后，XBRL 国际组织的成立进一步完善了 XBRL 技术规范。2008 年，美国证券交易委员通过了一项强制性计划，要求所有上市公司在 3 年内必须提供 XBRL 标记的财务报告，这一计划标志着 XBRL 在全球范围内被企业实践应用。

在中国，为了进一步推进会计信息化，加强中国与世界的接轨，XBRL 的发展也得到了有关部门的高度重视。2006 年，财务部率先启动了 XBRL 应用前期研究；2008 年，XBRL 中国地区组织成立；2010 年，中国正式成为其组织委员。2008 年，上海证券交易所为了推广实施 XBRL，要求上市公司必须同时提供 PDF 版和 XBRL 版财务报告；2009 年，深圳证券交易所也跟随上海证券交易所的步伐作出了相同的规定。2010 年，为了进一步促进中国会计信息化的发展，国家标准化委员会要求上市公司逐步使用 XBRL 技术。与此同时，国家标准化委员会还颁布了《企业会计准则通用分类标准》和《可扩展商业报告语言（XBRL）技术规范系列国家标准》以促进 XBRL 技术在中国的推广应用。

财政部为了推广 XBRL 在中国的应用，选择了一部分省份试行使用 XBRL。自 2012 年起，广西壮族自治区在自治区财政厅的牵头下开始试行 XBRL 推广工作。截至 2019 年，广西已有 14 家企业向财政厅递交 XBRL 财务报告。根据相关调查，已推广实施 XBRL 的 14 家广西企业对 XBRL 应用效果打分普遍较低，其中应用深度打分最低，说明广西应用 XBRL 的企业在一定程度上实施 XBRL 效果有待提高，且应用程度大多只在提交 XBRL 财务报表的初级阶段，并未将其与公司财务软件相结合。调查结果还表明尽管企业都知道实施应用 XBRL 给公司财务信息带来的好处，但由于其规章制度尚不完善、增加财务人员工作量等原因不太意愿深入推广实施 XBRL，而且这些企业也并没有针对 XBRL 的应用制定较为长远而又完善的发展规划。在这样的背景下，为了进一步提高 XBRL 的推广效果，有必要开展进一步的深入研究，包括未实施 XBRL 的企业推广意愿如何？其推广意愿是否存在异质性？推广意愿的影响因素有哪些？哪些影响因素的影响效应更加明显？在此基础上如何更好地做好 XBRL 的推广工作？

学术界早已在理论上全面分析了企业实施 XBRL 的优点。作为一种不断发展的网络财务报告信息技术（Troshani et al.，2015），XBRL 为构建全球标准提供了可能性，该标准旨在提高企业财务电子通信的准确性、可靠性、效率、可访问性和可用性，提供了更高的相关性、可靠性、可比性、透明度、及时性、标准化以及降低报告和合规成本的前景（Vipoopinyo，2013）。XBRL 可以很容易地在各种系统之间交换数据。王淑霞（2016）认为 XBRL 可以在会计信息实现的会计账簿标准化、会计报表格式标准化、会计软件接口标准化以及归档标准化中广泛应用且起到很大的积极作用。

应用XBRL有利于优化财务信息，改善财务报表。泰勒等（Taylor et al.，2010）认为，XBRL将提高公司向投资者、监管机构、分析师和贷款人公布金融信息的能力，还能以透明可靠的方式收集和共享财务信息，增强财务报告的逻辑性。詹夫林等（Janvrin et al.，2013）发现与手动流程相比，XBRL可以简化业务信息的准备、分析和交换，还可以减少数据收集和报告生成所需的时间和工作量；又由于XBRL的标准化性质，金融数据用户（包括投资者、债权人、分析师、金融机构和监管机构）可以比传统的PDF、HTML或Word文档更快、更高效地分析和比较XBRL实例文档。

企业实践结果也表明XBRL有助于公司进一步发展。刘等（Liu et al.，2017）以比利时的非金融公司作为样本研究得出XBRL格式的财务报告与信息不对称改善有关。霍奇等（Hodge et al.，2004）研究表明XBRL通过提高企业财务报表信息的透明度和管理者报告信息的选择来帮助财务报表用户。陈等（Chen et al.，2017）研究发现在强制采用XBRL后，信息不对称显著减少，这反映在PEAD显著下降，而在国有企业中，信息不对称的减少比非国有企业更为显著。平斯克尔等（Pinsker et al.，2008）采访了加拿大、德国、南非和美国参与XBRL采用的四位业务经理，以调查XBRL采用的好处和成本，研究发现采用XBRL后，非美国公司降低了运营成本，美国公司实现了更高效的营销。陈等（Chen et al.，2018）研究得出采用XBRL的企业股东的预期净收益增加，说明股东可从中获益。代尔（Dyer et al.，2017）研究指出应用XBRL可以使年度财务报告的披露数量增加、样板文件减少、可比性增加，而且随着财务报告改进的同时，这些公司的经济增速也随之加快。张艺馨和徐经长（2016）指出应用XBRL可有效抑制非效率投资行为，且可缓解投资不足。除此之外，XBRL还可以使一些公司的簿记人员减少30%，并极大地减少生成财务报表所需的时间，XBRL的使用将外部报告流程的成本和时间减少了20%以上。搜索XBRL标记的信息通常也比通过其他相关技术进行搜索要节省人力（Alles and Michael，2009）。

有部分学者对企业应用XBRL的影响因素进行研究。陈等（Chen et al.，2018）认为企业应用XBRL最关键的影响因素是高层管理者的支持。

斯汉特（Slehat，2018）指出企业的外部环境、组织结构和技术因素是影响 XBRL 采用情况的主要因素。鲍里茨和蒂莫申科（Boritz and Timoshenko，2015）通过使用更全面的样本、采用更有效的匹配程序研究发现，具有较高的自愿披露倾向、更强的公司治理和更好的盈利能力的企业更愿意采用 XBRL。鲍里茨和蒂莫申科（2015）指出自愿采用 XBRL 与较高的 IT 能力水平呈正相关。塔米德等（Tarmidi et al.，2014）指出文化价值可能影响会计准则采用和互联网财务报告的披露水平。颜子瑜（2015）通过分析调查问卷相关数据发现企业和用户利益相关者并没有实质性地接受或参与到 XBRL 中来，而监管方的承诺力度或推动力度的大小直接影响了利益相关者参与 XBRL 的程度。

综上所述，现有研究对实施 XBRL 的优点和企业实践作了较为详细的研究，认为实施 XBRL 提高了财务报表的可比性、简化了财务报表、改善了公司财务信息的不对称性、促进了公司的进一步发展；并分析了企业应用 XBRL 的影响因素，认为管理者的支持、企业技术和环境、企业盈利能力、员工能力、激励等因素都会影响企业 XBRL 推广意愿。企业会计从业人员是实施 XBRL 的利益相关者和直接参与者，他们的 XBRL 推广意愿强度将会影响企业实施 XBRL 的质量，但如今大部分学者更加关注企业管理者和企业环境等因素对其 XBRL 推广意愿的影响，而较少有学者从企业会计从业人员角度开展研究。总体上，在以下三个方面有待进一步研究：

第一，会计从业人员 XBRL 推广意愿的各项影响因素缺乏较为系统的评价指标体系对其进行分析，而且这些影响因素对其 XBRL 推广意愿的作用机制也有待深入研究；

第二，XBRL 推广意愿是否存在异质性，即企业规模、企业性质等因素是否会对 XBRL 推广意愿产生影响；

第三，若从企业会计从业人员角度研究其 XBRL 推广意愿，那么会计从业人员的哪些因素会影响其 XBRL 推广意愿？不同影响因素对 XBRL 推广意愿的作用机制是否相同？

本章采取了问卷调查法，以广西壮族自治区为例，调查了广西未推实施 XBRL 企业的会计从业人员素质期望和 XBRL 推广意愿，并采用 CRITIC 赋权法和 TOPSIS 综合评价法计算出会计从业人员素质期望和 XBRL 推广意愿各项指标的综合得分。在此基础上，分析 XBRL 推广意愿的异质性，并进一步分析各个影响因素对其 XBRL 推广意愿的作用机制，最终基于调查分析结果得出研究结论。

5.2 本章研究框架

本章的研究框架如图 5－1 所示，本章在前面相关文献梳理和问卷调查分析的基础上确定 XBRL 推广意愿影响因素，并建立 XBRL 推广意愿评价指标体系。本章借助 CRITIC 赋权法对评价指标的权重进行赋权，继而通过 TOPSIS 评价法对指标的综合得分进行计算。首先，为了研究 XBRL 推广意愿异质性，本章采用独立样本 t 检验对此进行分析；其次，为了进一步探讨各个影响因素即指标对 XBRL 推广意愿的关联机制，本章通过回归分析和分位数回归对此进行深入研究；最后，根据研究结果得出本章的研究结论。

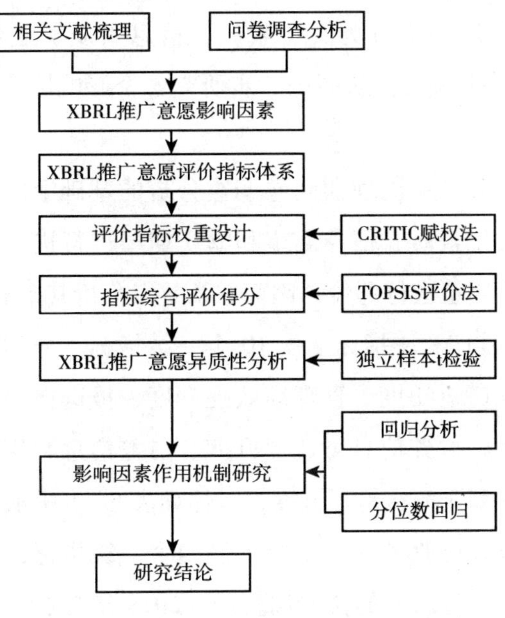

图 5－1　研究框架

5.3 XBRL 推广意愿与人员素质评价及统计分析

从前面的相关文献梳理中可知，部分学者分析了企业应用 XBRL 的影响因素，他们认为管理者的支持、企业技术和环境、企业盈利能力、员工能力、激励等因素都会影响企业 XBRL 推广意愿。企业会计从业人员是实施 XBRL 的利益相关者和直接参与者，他们的 XBRL 推广意愿强度将会影响企业实施 XBRL 的质量，但如今大部分学者更加关注企业管理者和企业环境等因素对其 XBRL 推广意愿的影响，而较少有学者从企业会计从业人员角度开展研究。

因此，本调查问卷在设计时就侧重从企业会计从业人员角度入手，以此来进一步分析 XBRL 推广意愿的影响因素。调查问卷共分为三个方面内容：企业基本信息情况、XBRL 未来推广意愿调查和填表人员素质期望调查，主要分析人员素质期望对 XBRL 推广意愿的影响。根据问题的关联性，本章将填表人员素质期望分为文化素质、信息素质、业务素质、精神期望和物质期望五个影响因素，从而进一步研究各个影响因素对 XBRL 推广意愿的影响。

本章在前文相关文献梳理和问卷调查分析的基础上对推广意愿、业务素质、信息素质、文化素质、精神期望和物质期望进行进一步分析，但由于仅有一个指标对物质期望进行评价，因而本章重点分析其余五个指标。

其中，XBRL 推广意愿指标下设 10 个一级指标，分别为总体认可度、企业形象提升度、推广迫切度、管理绩效提升度、报送报表工作量降低度、主管部门管理提升度、财务信息可比提升度、财务信息利用效率提升度、企业信息化水平提升度和业务水平提升度，具体如表 5－1 所示。

企业会计从业人员业务素质指标下设四个一级指标，分别为从事会计相关年限、从事过 3 个月以上的会计岗位数、2018 年参加业务学习的次数和关注的财务方面公众号数量，具体如表 5－2 所示。

表 5－1　XBRL 推广意愿评价指标与评价标准

指标	一级指标	评价标准
推广意愿	总体认可度	由填表人员根据问题以 0～10 分进行打分，分数越高表明企业在这个方面的认可度越高，即企业的 XBRL 推广意愿越高
	企业形象提升度	
	推广迫切度	
	管理绩效提升度	
	报送报表工作量降低度	
	主管部门管理提升度	
	财务信息可比提升度	
	财务信息利用效率提升度	
	企业信息化水平提升度	
	业务水平提升度	

表 5－2　业务素质评价指标与评价标准

指标	一级指标	评价标准
业务素质	从事会计相关年限	从业年限越长说明该会计人员对会计行业越了解，其业务素质越高
	从事过 3 个月以上的会计岗位数	从事会计岗位数越多说明该会计人员对不同会计岗位的知识了解越多，其业务素质越高
	2018 年参加业务学习的次数	参加业务学习次数越多说明该会计人员学习的财务知识越多，其业务素质越高
	关注的财务方面公众号数量	关注的财务公众号越多说明该会计人员更愿意学习更多的财务知识，了解更多的财务咨询，其业务素质越高

企业会计从业人员信息素质指标下设五个一级指标，分别为对 XBRL 工作的熟悉度、信息技术水平适应度、微信好友数量、电脑杀毒维护次数和电脑杀毒维护水平，具体如表 5－3 所示。

企业会计从业人员文化素质指标下设两个一级指标，分别为文化程度和阅读数书籍量，具体如表 5－4 所示。

表 5-3　　信息素质评价指标与评价标准

指标	一级指标	评价标准
信息素质	对 XBRL 工作的熟悉度	会计人员对 XBRL 工作熟悉度越高其自身的信息素质也会相应提高
	信息技术水平适应度	信息技术水平与 XBRL 工作适应程度越高其信息素质越高
	微信好友数量	会计人员的微信好友数量越多说明其更愿意接受新的事物，其信息素质越高
	电脑杀毒维护次数	电脑杀毒维护次数越多说明会计人员对电脑的安全性能要求越高，因而能提高其信息素质
	电脑杀毒维护水平	电商杀毒维护方式能体现会计人员自身的电脑技术水平与信息素质

表 5-4　　文化素质评价指标与评价标准

指标	一级指标	评价标准
文化素质	文化程度	文化程度越高其文化素质越高
	阅读数书籍量	看书能提高会计人员的文化素质

企业会计从业人员精神期望指标下设三个一级指标，分别为心理认同感提升度、荣誉感提升度和职位晋升帮助度，具体如表 5-5 所示。

表 5-5　　精神期望评价指标与评价标准

指标	一级指标	评价标准
精神期望	心理认同感提升度	实施 XBRL 的心理认同感提升越高的会计人员精神期望越高
	荣誉感提升度	实施 XBRL 的荣誉感提升越高的会计人员精神期望越高
	职位晋升帮助度	实施 XBRL 对职位晋升帮助度越大的会计人员精神期望越高

5.4　权重确定

5.4.1　CRITIC 赋权法

迪库拉基于 1995 年提出了 CRITIC 赋权法，它根据指标之间的冲突性和对比强度确定其权重系数，是一种较为客观的赋权方法。其中，冲突性是指两个指标之间的不相关性，若两个指标之间的相关性较低，则表明这两者之间的冲突性较强；而对比强度则表示一个指标不同评价方案之间的差距大小，一般用标准差来衡量。

CRITIC赋权法的计算步骤如下。

5.4.1.1 无量纲化处理

不同的指标其判断标准不同，为了使得不同指标之间可比，需要对数据进行无量化处理。根据指标的衡量标准可以分为正向指标与负向指标，共有 n 个指标 m 条评价对于第 j 个指标第 i 个评价方案的处理方法如下：

$$x'_{ij} = \frac{x_{ij} - x_{\min j}}{x_{\max j} - x_{\min j}}, i = 1,2,\cdots,m; j = 1,2,\cdots,n (\text{正向指标}) \quad (5-1)$$

$$x'_{ij} = \frac{x_{\max j} - x_{ij}}{x_{\max j} - x_{\min j}}, i = 1,2,\cdots,m; j = 1,2,\cdots,n (\text{负向指标}) \quad (5-2)$$

得到的标准化矩阵为：

$$X' = \begin{bmatrix} x'_{11} & x'_{12} & \cdots & x'_{1n} \\ x'_{21} & x'_{22} & \cdots & x'_{2n} \\ \vdots & \vdots & \ddots & \vdots \\ x'_{m1} & x'_{m2} & \cdots & x'_{mn} \end{bmatrix} \quad (5-3)$$

5.4.1.2 计算指标的信息量

指标的信息量由指标的对比强度和冲突性组成。指标的对比强度一般由标准差来衡量，而指标之间的冲突性是根据其相关性计算而得，由于标准化后的指标都是正向指标，因而指标之间的相关系数越大，其冲突性越小。第 j 个指标的信息为：

$$C_j = \sigma_j \times R_j, j = 1,2,\cdots,n \quad (5-4)$$

$$R_j = \sum_{k=1}^{n} (1 - r_{kj}), j = 1,2,\cdots,n \quad (5-5)$$

其中；r_{kj} 代表第 j 个指标与第 k 指标之间的相关系数，$(1-r_{kj})$ 则代表这两者之间的冲突性；R_j 代表第 j 个指标的冲突性之和；σ_j 代表第 j 指标的标准差；C_j 代表第 j 指标的信息量。

5.4.1.3 计算指标的权重

由于指标包含的信息量越大，该指标对应的重要性也越大，因而对其赋予的权重随之增大。第 j 个指标的权重计算方式为：

$$w_j = \frac{C_j}{\sum_{j=1}^{n} C_j}, j = 1,2,\cdots,n \tag{5-6}$$

最终形成权重矩阵 W：

$$W = \begin{bmatrix} w_1 & 0 & \cdots & 0 \\ 0 & w_2 & \cdots & 0 \\ \vdots & \vdots & \ddots & \vdots \\ 0 & 0 & \cdots & w_n \end{bmatrix} \tag{5-7}$$

5.4.2 权重计算

本章根据 CRITIC 赋权法对推广意愿、业务素质、信息素质、文化素质和精神期望各项一级指标进行客观赋权。其中，R_j 代表第 j 个指标的冲突性之和；σ_j 代表第 j 指标的标准差；C_j 代表第 j 指标的信息量；w_j 代表第 j 指标的权重。XBRL 推广意愿各项一级指标权重确定结果如表 5－6 所示。

表 5－6　　XBRL 推广意愿各项指标权重确定

指标	一级指标	R_j	σ_j	C_j	w_j
推广意愿	总体认可度	2.326	0.191	0.445	0.099
	企业形象提升度	3.072	0.191	0.587	0.131
	推广迫切度	2.588	0.214	0.554	0.124
	管理绩效提升度	2.207	0.213	0.471	0.105

续表

指标	一级指标	R_j	σ_j	C_j	w_j
推广意愿	报送报表工作量降低度	2.581	0.198	0.511	0.114
	主管部门管理提升度	2.240	0.176	0.394	0.088
	财务信息可比提升度	1.879	0.169	0.317	0.071
	财务信息利用效率提升度	2.210	0.177	0.390	0.087
	企业信息化水平提升度	2.194	0.183	0.401	0.089
	业务水平提升度	2.065	0.200	0.414	0.092

会计人员业务素质各项一级指标权重确定结果如表5-7所示。

表5-7　XBRL推广意愿各项指标权重确定

变量	一级指标	R_j	σ_j	C_j	w_j
业务素质	从事会计相关年限	2.635	0.200	0.528	0.278
	从事过3个月以上的会计岗位数	2.557	0.132	0.338	0.178
	2018年参加业务学习的次数	2.732	0.195	0.532	0.280
	关注的财务方面公众号数量	2.948	0.169	0.499	0.263

会计人员信息素质各项一级指标权重确定结果如表5-8所示。

表5-8　信息素质各项指标权重确定

变量	一级指标	R_j	σ_j	C_j	w_j
信息素质	对XBRL工作的熟悉度	3.526	0.293	1.032	0.243
	信息技术水平适应度	3.405	0.207	0.706	0.166
	微信好友人数量	3.619	0.152	0.548	0.129
	电脑杀毒维护次数	3.356	0.154	0.515	0.121
	电脑杀毒维护水平	3.840	0.377	1.450	0.341

会计人员文化素质各项一级指标权重确定结果如表5-9所示。

表5-9　文化素质各项指标权重确定

变量	一级指标	R_j	σ_j	C_j	w_j
文化素质	文化程度	0.837	0.075	0.063	0.331
	阅读数书籍量	0.837	0.151	0.127	0.669

会计人员精神期望各项一级指标权重确定结果如表5-10所示。

表 5-10 精神期望各项指标权重确定

变量	一级指标	R_j	σ_j	C_j	w_j
精神期望	心理认同感提升度	0.648	0.216	0.140	0.304
	荣誉感提升度	0.504	0.240	0.121	0.263
	职位晋升帮助度	0.764	0.260	0.199	0.432

5.5 评价得分计算

5.5.1 TOPSIS 评价法

TOPSIS 评价法通过构建各个指标之间的正负理想解，并以其到理想解的距离作为评判标准对各个评价方案进行评价，是一种较为有效的多指标综合评价方法（Hwanget al.，1981）。由于 TOPSIS 评价法对样本的数据量、数据分布均无要求，而且具有评价结果直观、真实、可靠等优点，被广泛应用于评价领域。

（1）数据标准化。运用 TOPSIS 对指标进行评价时，也需要对数据进行标准化。由于本章选择了 CRITIC 对数据进行赋权，因而矩阵 X' 即为所需标准化后的矩阵。

（2）构造加权判断矩阵：

$$F = X'W = \begin{bmatrix} x'_{11} & x'_{12} & \cdots & x'_{1n} \\ x'_{21} & x'_{22} & \cdots & x'_{2n} \\ \vdots & \vdots & \ddots & \vdots \\ x'_{m1} & x'_{m2} & \cdots & x'_{mn} \end{bmatrix} \begin{bmatrix} w_1 & 0 & \cdots & 0 \\ 0 & w_2 & \cdots & 0 \\ \vdots & \vdots & \ddots & \vdots \\ 0 & 0 & \cdots & w_n \end{bmatrix}$$

$$= \begin{bmatrix} f_{11} & f_{12} & \cdots & f_{1n} \\ f_{21} & f_{22} & \cdots & f_{2n} \\ \vdots & \vdots & \ddots & \vdots \\ f_{m1} & f_{m2} & \cdots & f_{mn} \end{bmatrix} \tag{5-8}$$

（3）确定正负理想解：

$$S^{+} = \{S_j^{+} = \max(f_{ij}), 1 \leqslant i \leqslant m\}, j = 1,2,\cdots,n \tag{5-9}$$

$$S^{-} = \{S_j^{-} = \min(f_{ij}), 1 \leqslant i \leqslant m\}, j = 1,2,\cdots,n \tag{5-10}$$

（4）进行距离测算：

$$sep_i^{+} = \sqrt{\sum_{j=1}^{n} (S_j^{+} - f_{ij})^2}, i = 1,2,\cdots,m \tag{5-11}$$

$$sep_i^{-} = \sqrt{\sum_{j=1}^{n} (S_j^{-} - f_{ij})^2}, i = 1,2,\cdots,m \tag{5-12}$$

（5）计算各评价与理想解的相对接近程度，即评价得分：

$$G_i = \frac{sep_i^{-}}{sep_i^{+} + sep_i^{-}}, i = 1,2,\cdots,m \tag{5-13}$$

5.5.2 综合评价得分

本章根据TOPSIS综合评价法计算出123家（由于124份有效问卷中有一份问卷的素质、期望评分均为0，因而将它剔除）企业会计从业人员各指标的综合得分与企业XBRL推广意愿得分，问卷数据结果如表5-11所示。

表5-11　综合评价得分

企业编号	推广意愿	业务素质	信息素质	文化素质	精神期望	物质期望
1	82.998	38.745	60.163	30.857	65.757	70.000
2	96.230	38.445	60.365	31.483	78.761	80.000
4	92.237	36.166	70.994	34.083	82.231	80.000
5	76.793	49.755	56.213	37.729	54.146	60.000
6	71.784	41.742	55.608	30.857	65.184	50.000
7	70.000	37.588	65.773	38.626	60.000	60.000
8	71.981	53.427	34.183	35.933	45.516	80.000
10	100.000	39.706	66.404	30.293	50.838	0.000
13	59.421	31.044	55.662	28.411	57.462	50.000
14	57.664	21.830	66.092	34.649	44.703	40.000

续表

企业编号	推广意愿	业务素质	信息素质	文化素质	精神期望	物质期望
16	72. 817	17. 332	69. 474	34. 083	80. 000	70. 000
17	76. 619	27. 962	57. 135	30. 293	44. 453	30. 000
19	54. 135	42. 340	65. 750	30. 293	52. 486	50. 000
23	90. 000	26. 958	76. 416	66. 035	82. 785	90. 000
24	91. 913	47. 517	73. 230	46. 063	80. 000	80. 000
25	66. 732	37. 182	22. 599	32. 921	31. 385	10. 000
27	100. 000	43. 130	57. 311	32. 171	48. 247	0. 000
28	85. 215	44. 451	60. 264	32. 171	90. 000	90. 000
31	83. 128	26. 881	71. 136	30. 857	80. 000	80. 000
32	53. 445	23. 979	65. 915	29. 790	50. 000	50. 000
34	80. 610	18. 896	72. 077	40. 015	77. 033	70. 000
36	51. 231	21. 246	66. 651	30. 293	37. 116	0. 000
37	64. 230	33. 821	55. 862	35. 119	39. 727	0. 000
41	83. 154	34. 343	67. 886	31. 483	78. 761	80. 000
46	74. 068	37. 660	23. 151	35. 933	39. 727	30. 000
47	60. 909	44. 295	64. 067	35. 933	47. 393	50. 000
48	56. 274	33. 051	73. 528	51. 466	65. 757	50. 000
51	71. 739	41. 112	59. 370	40. 015	75. 017	60. 000
52	84. 295	32. 950	67. 227	40. 015	80. 000	80. 000
53	66. 107	43. 071	58. 173	45. 253	57. 462	0. 000
54	74. 815	38. 943	56. 387	30. 293	66. 763	60. 000
55	94. 320	17. 710	70. 588	32. 171	92. 836	90. 000
56	64. 389	45. 258	69. 997	32. 171	55. 170	60. 000
57	80. 735	58. 919	72. 350	72. 435	62. 723	50. 000
59	74. 078	37. 757	66. 881	35. 933	59. 361	50. 000
61	78. 107	36. 731	67. 931	40. 015	53. 596	0. 000
65	81. 376	28. 037	70. 269	34. 649	80. 000	80. 000
68	39. 689	27. 895	57. 083	32. 921	16. 717	10. 000
69	94. 320	37. 588	40. 016	32. 921	92. 836	90. 000
70	77. 549	37. 158	39. 121	66. 035	68. 444	60. 000
71	25. 489	42. 705	55. 185	32. 171	24. 242	0. 000

续表

企业编号	推广意愿	业务素质	信息素质	文化素质	精神期望	物质期望
73	68.380	31.389	10.104	32.171	68.615	50.000
75	69.487	36.163	70.965	40.015	63.592	60.000
76	70.196	28.863	82.103	35.933	68.444	60.000
78	43.788	36.208	65.878	48.838	29.737	0.000
79	82.254	34.712	64.425	40.015	74.324	70.000
82	51.452	24.835	20.772	36.507	50.000	30.000
86	80.000	23.181	26.586	30.293	80.000	80.000
87	75.205	24.692	56.000	32.171	62.723	50.000
91	80.000	40.384	69.226	32.171	55.787	30.000
93	77.770	39.864	70.674	32.171	80.000	80.000
95	83.978	30.738	36.130	35.933	81.645	90.000
98	64.406	40.423	67.510	30.857	60.000	60.000
100	60.000	22.681	65.247	40.015	60.000	60.000
101	96.230	23.030	67.850	30.293	85.157	80.000
102	50.000	40.176	62.257	32.921	50.000	50.000
103	100.000	30.078	71.085	31.483	100.000	100.000
107	81.525	41.942	63.061	32.921	81.645	0.000
110	100.000	29.317	68.916	35.266	100.000	100.000
111	72.490	41.657	60.173	30.857	63.592	50.000
112	78.297	37.241	54.406	30.293	66.679	51.405
115	72.481	61.157	55.731	40.015	64.492	50.000
117	80.000	33.021	52.512	32.921	10.000	10.000
120	70.000	45.970	75.124	31.560	71.811	70.000
121	87.159	31.230	68.004	41.981	80.000	80.000
124	81.447	35.841	31.888	34.649	74.331	70.000
125	92.778	23.193	71.777	40.015	90.000	50.000
129	73.780	34.238	73.258	30.857	77.033	80.000
130	45.987	42.664	10.178	30.857	13.003	0.000
136	85.680	32.544	58.383	32.171	74.331	10.000
139	59.578	35.905	61.989	34.600	47.393	40.000
140	76.816	52.059	71.507	58.452	74.331	80.000

续表

企业编号	推广意愿	业务素质	信息素质	文化素质	精神期望	物质期望
143	78. 297	26. 506	74. 333	32. 171	80. 000	80. 000
144	85. 805	35. 639	72. 300	36. 507	68. 908	60. 000
150	70. 196	29. 760	82. 103	35. 933	68. 444	60. 000
154	73. 238	24. 933	57. 949	34. 649	57. 462	50. 000
157	70. 000	18. 093	39. 196	35. 933	62. 723	50. 000
160	75. 803	35. 543	38. 004	35. 933	84. 673	70. 000
161	50. 823	48. 470	55. 880	40. 015	9. 799	0. 000
163	67. 762	35. 159	30. 351	36. 650	58. 175	60. 000
165	69. 798	50. 028	20. 349	32. 171	84. 673	80. 000
168	72. 209	18. 452	28. 129	34. 600	80. 000	70. 000
169	69. 982	41. 974	64. 281	32. 921	62. 721	30. 000
171	74. 548	26. 169	66. 279	32. 921	67. 842	30. 000
174	82. 704	22. 898	57. 574	39. 759	68. 444	60. 000
175	83. 448	34. 355	69. 042	31. 483	80. 924	90. 000
180	13. 139	25. 139	54. 034	32. 171	15. 990	20. 000
181	51. 231	26. 225	66. 219	30. 293	43. 652	0. 000
182	77. 474	44. 438	68. 894	36. 507	66. 667	30. 000
183	52. 000	25. 696	54. 590	34. 083	47. 393	50. 000
186	35. 924	23. 054	57. 612	32. 171	34. 816	30. 000
187	56. 710	23. 738	67. 070	30. 857	54. 604	50. 000
192	61. 660	28. 409	59. 011	30. 293	35. 393	0. 000
196	88. 693	19. 967	72. 048	40. 015	90. 000	80. 000
204	69. 519	34. 125	59. 420	30. 293	60. 000	60. 000
208	90. 000	26. 873	73. 528	30. 857	65. 757	50. 000
209	19. 130	20. 473	54. 894	30. 293	0. 000	0. 000
210	90. 000	51. 914	59. 635	30. 857	90. 000	80. 000
214	56. 429	58. 868	34. 683	36. 507	70. 000	70. 000
218	70. 005	48. 177	58. 991	31. 483	54. 604	50. 000
221	67. 275	31. 541	57. 172	30. 293	0. 000	0. 000
223	66. 938	20. 365	60. 530	38. 235	49. 326	40. 000
224	50. 000	23. 020	62. 233	30. 857	50. 000	50. 000

续表

企业编号	推广意愿	业务素质	信息素质	文化素质	精神期望	物质期望
230	48.419	29.186	63.048	32.171	42.725	40.000
231	66.947	26.574	60.774	32.921	65.184	60.000
233	72.283	17.486	56.442	50.155	63.020	50.000
236	72.245	28.436	57.419	64.188	80.000	70.000
238	48.126	35.325	55.757	30.857	37.698	10.000
243	77.318	33.613	64.620	30.857	72.446	70.000
246	80.056	35.379	64.353	30.293	80.000	70.000
248	70.961	40.146	31.796	30.857	66.763	70.000
250	84.932	47.243	69.839	36.507	77.670	70.000
251	67.830	36.493	58.021	34.600	37.700	30.000
253	77.389	49.313	58.866	30.857	70.236	50.000
254	91.570	49.480	68.245	64.188	100.000	100.000
257	70.000	27.570	40.875	32.171	62.723	50.000
260	68.304	30.793	69.369	36.507	75.017	70.000
263	80.219	50.187	70.505	35.933	75.017	70.000
265	63.557	27.986	16.520	32.921	50.000	50.000
268	90.000	34.308	54.565	29.790	90.000	90.000
269	66.545	29.823	25.740	40.015	80.000	70.000
270	100.000	38.125	65.895	30.857	54.376	0.000
272	58.615	44.908	56.797	93.274	29.737	20.000

5.6 统计分析

5.6.1 数据描述性统计

根据CRITIC赋权法对指标的权重进行赋权，并根据TOPSIS评价法对数据进行处理，计算出各企业评价结果的综合得分，满分为100，其数据描述性统计如表5-12所示。

表 5-12　描述性统计

	推广意愿	业务素质	信息素质	文化素质	精神期望	物质期望
极小值	13.139	17.332	10.104	28.411	0.000	0.000
极大值	100.000	61.157	82.103	93.274	100.000	100.000
均值	71.852	34.578	58.162	36.355	62.168	51.556
中位数	72.490	34.355	60.774	32.921	65.184	51.405
标准差	16.153	9.701	15.284	9.509	20.928	28.169
偏度	-0.853	0.355	-1.371	3.243	-0.792	-0.531
峰度	4.432	2.698	4.319	15.528	3.555	2.331
离散系数	0.225	0.281	0.263	0.262	0.337	0.546
Jarque-Bera	25.426	3.056	47.468	1019.978	14.433	8.068
P 值	0.000	0.217	0.000	0.000	0.001	0.018

其中，业务素质指标和物质期望指标的均值与中位数相差较小，文化素质指标的均值明显大于中位数，说明文化素质指标低分较多；而推广意愿指标、信息素质指标和精神期望指标的均值明显小于中位数，说明这些指标得高分的较多。

推广意愿指标、业务素质指标、信息素质指标、文化素质指标和精神期望指标的离散系数均小于 0.35，其值较小，说明数据的离散程度较小，其分布差异较小；而物质期望指标的离散系数相对较大，达到了 0.546，说明数据的离散程度较大，其分布差异也较大。至于 Jarque-Bera 检验及其 P 值，仅有业务素质指标的 P 值大于 0.05，通过了正态分布假设检验，其余指标均拒绝了正态分布的假设。

将各企业的综合评价结果根据指标的分值进行分组，按照 20 为分组间隔，其中，[0，20）代表 0≤指标值<20，[20，40）代表 20≤指标值<40，[40，60）、[60，80）和 [80，100] 则依此类推，各指标评价结果分组结果如表 5-13 所示。

表 5-13　指标评价结果分组统计

变量		[0，20）	[20，40）	[40，60）	[60，80）	[80，100]	均值
推广意愿	数量	2	3	21	57	41	71.852
	占比	1.613%	2.419%	16.935%	45.968%	33.065%	

续表

变量		[0，20)	[20，40)	[40，60)	[60，80)	[80，100]	均值
业务素质	数量	7	81	35	1	0	34.578
	占比	5.645%	65.323%	28.226%	0.806%	0.000%	
信息素质	数量	3	16	38	65	2	58.162
	占比	2.419%	12.903%	30.645%	52.419%	1.613%	
文化素质	数量	0	98	20	5	1	36.355
	占比	0.000%	79.032%	16.129%	4.032%	0.806%	
精神期望	数量	7	11	30	45	31	62.168
	占比	5.645%	8.871%	24.194%	36.290%	25.000%	
物质期望	数量	21	11	31	33	28	51.556
	占比	16.935%	8.871%	25.000%	26.613%	22.581%	

根据表5-13中指标评价结果分组统计可以得到如图5-2所示的指标评价结果分组统计堆积图，本次问卷针对广西区内280家大中型企业进行发放，通过自治区财政厅的牵头支持以及相关专家的广泛宣传，共收到272份问卷，其中完整有效的企业调查问卷124份。

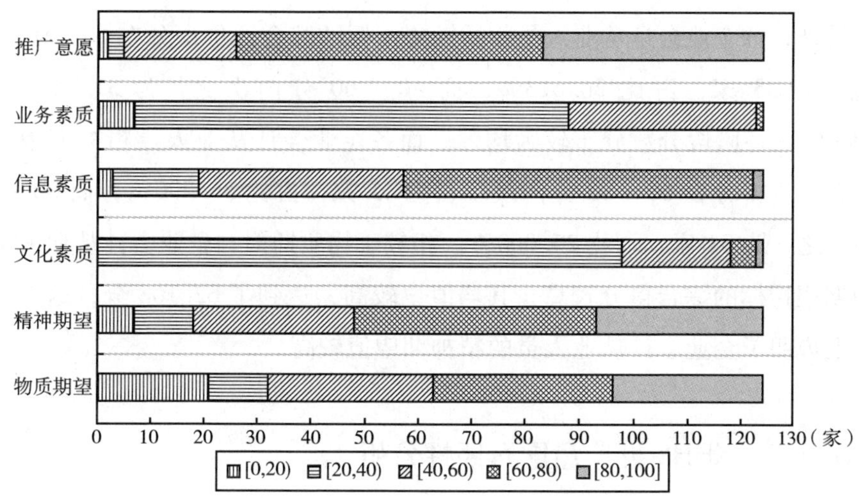

图5-2　指标评价结果分组统计堆积

根据表5-13和图5-2可以看出，各企业XBRL推广意愿指标的综合评价得分在60~80分内最多，为57家，占比45.968%；而80~100分内次之，为 41 家，占比 33.065%，其均值也到达了 71.852 分，说明综合来看，企业的 XBRL 推广意愿较高。接下来分析各项指标的得分分布。其中，各企业会计从业人员业务素质指标的综合评价得分在 20 ~ 40 分内最多，达到了 81 家，占比 65.323%；而 40 ~ 60 分内次之，为 35 家，占比 28.226%，即 20 ~ 60 分内的企业占总比例的 93.538%，说明各企业会计从业人员业务素质指标总体上得分较低。企业会计从业人员的信息素质指标的综合评价得分在 60 ~ 80 分内最多，达到了 65 家，占比 52.419%；而 40 ~ 60 分内次之，为 38 家，占比 30.645%，说明各企业会计从业人员信息素质指标总体上得分较高。而企业会计从业人员文化素质指标的综合评价得分在 20 ~ 40 分内最多，达到了 98 家，占比 79.032%；而 40 ~ 60 分内次之，为 20 家，占比 16.129%，即 20 ~ 60 分内的企业占总比例的 95.161%，说明各企业会计从业人员业务素质指标总体上得分较低。这种关系也可以从其均值体现出来，相较于企业会计从业人员业务素质指标均值 34.578 分的和文化素质指标均值的 36.355 分，信息素质指标的均值 58.162 分明显较优。

另外，各企业会计从业人员物质期望指标的综合评价得分在 60 ~ 80 分内最多，为 33 家，占比 26.613%；而 40 ~ 60 分内次之，为 31 家，占比 25.000%，各阶段分数分布较为均匀。而各企业会计从业人员精神期望指标的综合评价得分在 60 ~ 80 分内最多，为 45 家，占比 36.290%；而 80 ~ 100 分内次之，为 31 家，占比 25.000%。相较于物质期望，企业会计从业人员的精神期望指标的综合得分较高，其均值也较高，达到了 62.168 分，这在一定程度上说明了企业会计从业人员的精神期望值较高。

5.6.2 XBRL 推广意愿异质性分析

根据企业性质、企业规模、企业关联公司数量、企业应用财务软件年数对这 124 个企业样本数据进行分类，分析不同分组下企业的 XBRL 推广意愿是否具有显著性差别，其独立样本 t 检验结果汇总如表 5 - 14 所示。

表 5-14 独立样本 t 检验结果汇总

变量	分组变量	分组	N	均值	标准差	t 检验值
推广意愿	企业性质	国有及国有控股	114	71.630	15.727	-0.540 (0.590)
		民营企业及其他	10	74.660	21.808	
推广意愿	企业规模	1000000 万元及以上	26	72.029	14.016	0.061 (0.951)
		1000000 万元以下	98	71.807	16.719	
推广意愿	关联公司数量	10 家企业及以上	46	73.702	15.100	0.964 (0.337)
		10 家企业以下	78	70.785	16.731	
推广意愿	应用财务软件年数	10 年及以上	71	69.030	17.674	-2.304** (0.023)
		10 年以下	53	75.706	13.005	

注：括号里为 P 值；*、**、*** 分别表示在 10%、5%、1% 的水平下通过统计检验。

根据企业性质将调查企业分成两组：第一组为国有及国有控股企业，有 114 家企业；第二组是民营企业及其他企业，有 10 家企业。这两组企业的 XBRL 推广意愿均值有所差别，第一组 XBRL 推广意愿均值为 71.630，第二组 XBRL 推广意愿均值为 74.660，但这种差别并未通过统计检验，说明企业性质并不会影响企业的 XBRL 推广意愿，不同性质企业的 XBRL 推广意愿并无明显差别。

根据企业规模将调查企业分成两组：第一组为 2018 年公司资产总额在 1000000 万元及以上，有 26 家企业；第二组为 2018 年公司资产总额在 1000000 万元以下，有 98 家企业。这两组企业的 XBRL 推广意愿均值差别较小，第一组 XBRL 推广意愿均值为 72.029，第二组 XBRL 推广意愿均值为 71.807，而且这种差别并未通过统计检验，说明企业规模并不会影响企业的 XBRL 推广意愿，不同规模的企业都意识到了推广实施 XBRL 的重要性，这些企业的 XBRL 推广意愿大致相同。

根据企业关联公司数量将调查企业分成两组：第一组为关联公司数大于等于 10 家，有 46 家企业；第二组为关联公司数小于 10 家，有 78 家企业。这两组企业的 XBRL 推广意愿均值有所差别，第一组 XBRL 推广意愿均值为 73.702，第二组 XBRL 推广意愿均值为 70.785，但这种差别并未通过统计检验，说明企业联公司数量并不会影响企业的 XBRL 推广意愿，这是由于被调查的都是尚未推广实施 XBRL 的企业，它们虽然理论上知道实施 XBRL 的优势，但对 XBRL 对关联公司管理改进的还缺乏感性认识，因而关联公司数量较多的企业并不会因此而提高其 XBRL 推广意愿。

根据企业应用财务软件年数将调查企业分成两组，第一组为应用财务软件年数在 10 年及以上，有 71 家企业；第二组为应用财务软件年数在 10 年以下，有 53 家企业。这两组企业的 XBRL 推广意愿均值差别较大，第一组 XBRL 推广意愿均值为 69.030，第二组 XBRL 推广意愿均值为 75.706，而且这种差别通过了统计检验，说明企业应用财务软件年数会影响企业的 XBRL 推广意愿，应用财务软件年数较长的企业更不愿意去推广实施 XBRL，其 XBRL 推广意愿得分较低。这是由于应用财务软件年数较长的企业财务软件相对成熟，主要基于局域网技术，功能升级可能不足，导致财务软件水平和功能不够，而应用财务软件年限较短的企业往往财务软件较新，一般基于互联网技术，知识含量高，软件更新快，有的甚至已经包括了 XBRL 可选功能，所以这些企业拥有更高的 XBRL 推广意愿。

5.7 XBRL 推广影响因素分析

5.7.1 回归分析

为了进一步探究人员素质期望对 XBRL 推广意愿的作用，本章采用了一元线性回归方程对其进行分析，回归结果为：

$$y = 0.262 + 0.188x_1 + 0.069x_2 - 0.026x_3 + 0.686x_4 - 0.127x_5 \quad (5-14)$$

$$(4.083^{***})(1.804)(1.027)(-0.238)(8.355^{***})(-2.113^{**})R^2 = 0.558$$

其中，y 代表推广意愿，x_1、x_2、x_3、x_4 和 x_5 分别代表业务素质、信息素质、文化素质、精神期望和物质期望，拟合优度 R^2 为 0.558，拟合优度较好。根据公式（5－14）可知，业务素质、信息素质和文化素质与 XBRL 推广意愿无关，因而可将业务素质、信息素质与文化素质剔除，进一步讨论精神期望和物质期望对 XBRL 推广意愿的影响，回归结果为：

$$y = 0.289 + 0.701x_4 - 0.133x_5 \quad (5-15)$$

$$(6.093^{***}) \quad (8.721^{***}) \quad (-2.223^{***}) \qquad R^2 = 0.554$$

根据公式（5－15）可知，变量剔除后，拟合优度变化较小，说明回归结果较为稳定。其中，精神期望对 XBRL 推广意愿的回归系数为 0.701 并在 1% 的水平下通过了统计检验；物质期望对 XBRL 推广意愿的回归系数为 -0.133，并在 5% 的水平下通过了统计检验。说明业务素质对 XBRL 推广意愿影响的显著性不强，精神期望总体上正向影响 XBRL 推广意愿，且精神期望的影响较大，而物质期望总体上对 XBRL 推广意愿影响轻微。这是由于 XBRL 推广工作是企业财务报告的重要组成部分，在整个财务工作中虽然重要，但从工作量的角度增加有限，所以一般情况下也难以给财务人员带来物质回报，加上财务人员总体上业务素质较高，敬业精神较好，因而并不会为了追求物质回报来实施 XBRL，所以他们物质期望对 XBRL 推广意愿的回归系数很小。

5.7.2 分位数回归分析

为了探讨不同阶段各指标对 XBRL 推广意愿的作用大小，本章进一步采用分位数回归进行分析，分析结果汇总如表 5－15 所示。

表 5－15 分位数回归结果汇总

分位点 τ	常数	业务素质	信息素质	文化素质	精神期望	物质期望
0.1	-0.042 (0.668)	0.007 (0.945)	0.231 ** (0.011)	-0.074 (0.683)	0.897 *** (0.000)	-0.059 (0.374)
0.2	0.098 (0.213)	0.233 * (0.076)	0.064 (0.477)	0.005 (0.974)	0.708 *** (0.000)	-0.032 (0.612)
0.3	0.143 * (0.085)	0.226 * (0.070)	0.045 (0.596)	-0.075 (0.703)	0.746 *** (0.000)	-0.043 (0.546)
0.4	0.177 ** (0.024)	0.077 (0.440)	0.006 (0.932)	0.119 (0.195)	0.751 *** (0.000)	-0.041 (0.535)

续表

分位点 τ	常数	业务素质	信息素质	文化素质	精神期望	物质期望
0.5	0.210 ** (0.017)	0.086 (0.422)	0.002 (0.977)	0.144 (0.116)	0.720 *** (0.000)	-0.060 (0.458)
0.6	0.283 *** (0.002)	0.142 (0.238)	0.025 (0.775)	0.043 (0.633)	0.684 *** (0.000)	-0.095 (0.332)
0.7	0.307 *** (0.001)	0.154 (0.240)	0.082 (0.365)	-0.006 (0.950)	0.620 *** (0.000)	-0.070 (0.466)
0.8	0.364 *** (0.001)	0.163 (0.334)	0.168 * (0.076)	-0.092 (0.320)	0.523 *** (0.003)	-0.026 (0.779)
0.9	0.533 *** (0.000)	0.298 (0.139)	0.192 * (0.096)	-0.290 *** (0.003)	0.577 *** (0.001)	-0.245 ** (0.023)

注：括号里为 P 值；*、**、*** 分别表示在 10%、5%、1% 的水平下通过统计检验。

根据表 5-15 可知业务素质、文化素质、信息素质、精神期望和物质期望对推广意愿在不同分位点回归结果有所差别。由于仅有精神期望对推广意愿的回归系数在所有分位点都通过了统计检验，且回归系数均为正，其他指标对推广意愿的回归系数仅在部分分位点通过了统计检验，因而可以进一步分析精神期望在不同分位点对推广意愿的作用大小，得到了如图 5-3 所示的回归系数变化。

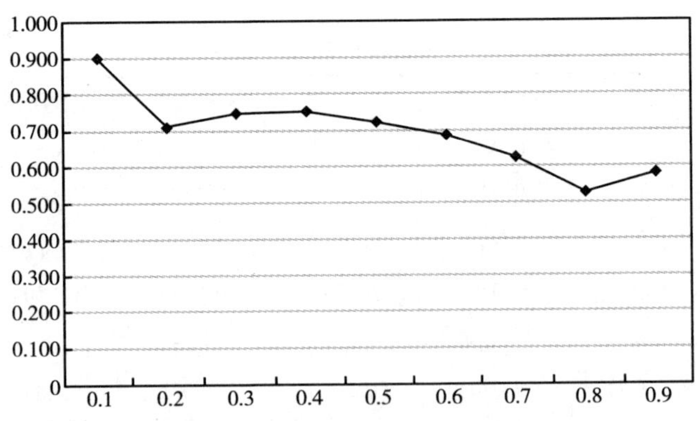

图 5-3　不同分位点精神期望对推广意愿的回归系数变化

从图 5-3 中可以很明显看出精神期望对推广意愿的回归系数随着分位数

的增加而降低。当分位数较低（$\tau = 0.1$）时，精神期望对推广意愿的回归系数最大，达到了0.897；随后随着分位数增加，精神期望对推广意愿的回归系数逐渐降低，说明精神期望较高的被调查者其XBRL推广意愿较低。这是由于推广意愿较低的企业其推广难度更大，但是如果推广成功，对财务人员的工作肯定程度更大，他们会更有成就感，因而其精神期望值更高，所以财务人员反而有更大的积极性去从事推广工作。而对于XBRL推广意愿较强的企业而言，意味着企业会投入更多的人力、物力和财力去进行推广，这样财务人员的成就感反而有所下降，因而其精神期望的弹性有所降低。

5.8 本章小结

本章通过相关文献梳理和问卷调查分析确定XBRL推广意愿影响因素，建立XBRL推广意愿评价指标体系，借助CRITIC赋权法对评价指标的权重进行赋权，继而通过TOPSIS评价法计算指标的综合得分。随后，本章采用独立样本t检验分析XBRL推广意愿的异质性，并通过回归分析、分位数回归研究其影响因素，从而进一步研究业会计从业人员素质、物质期望、精神期望等各项因素对XBRL推广意愿关联机制，得出企业应用财务软件年数会影响企业的XBRL推广意愿、精神期望正向影响XBRL推广意愿同时XBRL推广意愿较低的企业精神期望的弹性更高等结论。

第 6 章 XBRL 推广意愿影响机制研究

本章在前面相关理论研究的基础上，首先对不同影响因素与 XBRL 推广意愿的相互影响机制进行理论分析，并依此提出研究假设；其次，根据这种关系构建结构方程模型，并基于调查问卷数据对该模型进行效验，借助 Smart-PLS 软件分析会计从业人员的哪些因素会影响企业的 XBRL 推广意愿，并进一步研究 XBRL 推广意愿对会计从业人员素质提升的影响；最后根据研究结果提出相应的建议。

6.1 引　言

自从查尔斯·霍夫曼等于 20 世纪 90 年代末提出了以 XML 为标准制作电子财务报表以来，XBRL 开始广泛进入人们的视线。XBRL 于 1998 年在美国注册会计师协会（AICPA）的主持下开始使用。2000 年，XBRL 指导委员会发布了 XBRL 技术规范以供美国相关企业使用，并成立了 XBRL 国际组织以便世界各国研发与使用 XBRL 技术，这标志着 XBRL 在全球范围内推广。2008 年，美国证券交易委员员强制要求所有上市公司在 2011 年开始提供 XBRL 标记的季度报告，这标志着 XBRL 从理论研究迈向了企业实践应用。

XBRL 在中国的发展也随着会计信息化的推进得到了高度的重视。2006 年，财政部为加强中国 XBRL 与世界 XBRL 应用的接轨，率先启动了 XBRL 项目前期研究。2008年，XBRL中国地区组织成立。2010年5月，中国正式成为其组织委员。2008年12月，上海证券交易所要求上市公司同时提供PDF版和XBRL版财务报告；2009年2月，深圳证券交易所也作出了相同的规定。2010年，国家标准化委员会要求上市公司逐步使用XBRL技术来促进会计信息化，并颁布了《企业会计准则通用分类标准》和《可扩展商业报告语言（XBRL）技术规范系列国家标准》，这两套标准的发布成为中国会计史上的一个重大里程碑。

为了进一步推广实施XBRL，财政部选择一部分省份作为试点，在试点内推行使用XBRL。自2012年起，由广西壮族自治区财政厅牵头开始开展XBRL试点工作，自治区内企业也积极参与到实施XBRL的工作中去。自治区财政厅相关管理部门创立了“N+1”的模式来进行XBRL的相关工作，其中“N”代表广西参与实施的企业数量，“1”代表被自治区财政厅作为XBRL技术支持高校。这种由财政厅统一领导、依托高校技术力量、集中实施校验的工作模式在一定程度上取得了较好的成果，但距离全面在广西内推广实施XBRL还有一定的差距。

根据相关调查，广西已有14家企业推广实施XBRL，但这些企业对XBRL应用的总体满意度、领导满意度、管理提升度与应用深度这四个指标的打分较低，其平均分分别为5.46、5.55、5.26和4.73（总分10分），其中应用深度打分最低，说明广西企业应用XBRL的程度较浅，较多还只停留在报送XBRL财务报表的初级阶段。除此之外，调查结果还表明尽管企业领导重视程度较高，但企业的XBRL规章制度建设尚不完善，同时大多数试点企业实施人员认为提交XBRL格式的财务报告对企业带来了较大的工作负荷，各企业对XBRL应用也没有制定长远而完备的未来规划。

由于广西XBRL试点企业存在XBRL规章制度不完善、对XBRL的认知不足、员工实施积极性较低、应用深度不够等问题，而企业会计从业人员是实施XBRL的利益相关者和直接参与者，为了解决这些问题就有必要采取各种激励措施来调动会计从业人员的积极性和主观能动性。本书采取了问卷调查法，以广西未推实施XBRL的企业为调查对象，对这些企业会计从业人员的素质和期望进行调查，并通过结构方程模型分析其对XBRL推广意愿的影响，并进一步研究 XBRL 推广意愿对会计从业人员素质提高的反向机制，最后基于调查分析结果提出相应的建议。

6.2 文献回顾

6.2.1 XBRL 的简介

XBRL 是一种基于 XML 的计算机语言，它允许对财务信息进行标记，并随后从财务数据库中存储和检索。XBRL 文档是通过使用代码标记财务报表信息来创建的，以使数据计算机具有可读性和可搜索性（Winne et al.，2011；Guilloux et al.，2013；Williams et al.，2006）。潘琰（2003）最早将 XBRL 定义为是 XML（元标记语言）在企业报告领域中的应用，之后林华（2006）、杨海峰（2004）、李富玲和卢振波（2004）、高锦萍和张天西（2006）将 XBRL 的定义进一步进行补充，认为 XBRL 是 XML 在商业报告信息交换的一种应用，也是非结构化信息处理尤其是财务信息处理的最新应用。

XBRL 的基本前提是能够通过对每个事实应用数据标记，统称 XBRL 分类法，从而与信息消费者共享财务信息，标记将元数据包装在报告中（Debreceny et al.，2011）。XBRL 使财务报表的编制者能够通过“标记”XBRL 启用的软件可以读取的“标记”内容，将更全面的上下文信息添加到各个数据项中，从而实现对这些数据的自动解释和按项汇总或逐项使用。（Debreceny et al.，2002）。

6.2.2 应用 XBRL 的意义

作为一种开放的基于标准的报告语言，XBRL 允许公司以标准化的机器可读格式以电子方式报告和交换财务和非财务信息。它将文档（财务报告或其他 Word、Excel、PDF 等文档）中包含的财务信息转换为具有 XBRL 代码的计算机文件，使文档计算机可读通过成为一个数据标准，XBRL 将使支持 XBRL 的工具的出现能够分析 XBRL 数据，从而消除了将数据从一种数字格式导入到另一种数字格式的需要。它可以促进组织供应链各个部分的报告流程，处理以不同语言和会计标准呈现的数据，并适应不同用户的需求，被广泛用于简化软件程序之间的财务报表、绩效报告、会计记录和其他财务信息流（Srivastava et al.，2010）。

XBRL 对财务效率和财务报告具有明显的改善作用。XBRL 可用于在不同的计算机平台和软件应用程序之间准备和交换财务数据（Troshani et al.，2015）。它可以解决与效率、准确性和透明度相关的当前业务和财务报告问题（Locke et al.，2015；Troshani et al.，2015）。XBRL 对显著提高企业会计和财务报告效率的潜在影响已得到广泛认可（Troshani et al.，2015；Locke et al.，2015）。

除了改进财务报告和提升财务效率，XBRL 还被视为帮助过渡到国际财务报告准则（IFRS）和获得竞争优势的一种手段。XBRL 的目标是开发一组标准化的 XML 标记，统称为 XBRL 分类法，以满足业务信息的特定需求。XBRL 分类法是对财务报表和其他业务报告文档内容的描述和分类系统，它不仅定义了个别的报告概念，还定义了概念之间的关系。

6.2.3 应用 XBRL 的影响因素

企业应用 XBRL 的影响因素，首先是管理者的支持和参与。先前的信息系统研究结果表明，高层管理的支持是采用和实施的最关键因素（Chen et al.，2017）。同时，监管将大大刺激人们对 XBRL 的采用，它可能来自高层管理人员或公司的 IT 经理，这取决于公司文化、技术水平和其他因素（Pinsker et al.，2008）。其次是实施方法，即如何利用先前研究中考虑的因素决定将 XBRL 实施过程外包或内部外包。基于 XBRL 的财务报告成本分为两大类：有形和无形。有形成本包括基础设施成本、培训成本以及与计划、实施和支持

XBRL 报告要求相关的软件和人员成本。随着学习水平的提高和公司内部知识库的成熟，我们预计有形成本会下降。无形成本包括员工从正常工作职责转移到 XBRL 相关职责或将 XBRL 相关职责添加到当前工作负荷时可能造成的生产力损失（Debreceny et al.，2005）。

除此之外，组织准备或专业知识也在一定程度上强调了 XBRL 实施的财务和技术准备的价值（Liao et al.，2009）。正确的 XBRL 培训和学习对于正确实施 XBRL 和遵守 XBRL 分类法至关重要（Williams et al.，2006）。陈等（Chen et al.，2017）还强调了利益相关者参与在 XBRL 等技术的传播和实施中所起的关键作用；他们指出利益相关者需求的异质性和“不同行动者”需求的复杂性是广泛传播报告工具的潜在障碍。贺军和鞠利（2013）从理论角度分析了实施 XBRL 对其利益相关者如交易所、监管者、税务部门、投资者、债权人和公司管理者等的影响。颜子瑜（2015）通过分析调查问卷相关数据发现企业和用户利益相关者并没有实质性地接受或参与到 XBRL 中来，而监管方的承诺力度或推动力度的大小直接影响了利益相关者参与 XBRL 的程度。

6.2.4 企业员工素质对 XBRL 应用的影响

李连祥和王宇飞（2010）指出，在企业信息化的时代，员工的信息素质变得尤为重要。因此，企业应该注重对员工信息素质的培养以进一步扩展企业各个领域的信息化范围。张鑫和叶明（2011）认为企业内部人员对新技术的认知水平将会影响新技术在企业推广的难易程度和推广进度。通过研究银行的员工对高性能工作系统（HPWSS）的看法，得出员工对 HP-WSS 的看法与个人一般服务绩效呈正相关，且与个人知识密集型服务绩效呈正相关。这说明员工的绩效越好，越适应高强度、高效率的工作，从而也就越适应周围工作环境的变化。廖等（Liao et al.，2009）将企业的组织和人力资源方面考虑在内，衡量企业的信息化水平。研究结果表明他们所选用的四个信息化水平因子（即建立信息技术、共享信息知识、创造信息知识、参与信息教育）对企业组织绩效具有显著的正效应（Kim et al.，

2012）。

高层管理人员的支持也是至关重要的，因为它被发现是信息技术实施中最关键的因素（Chen et al.，2017）。对负责在美国实施 XBRL 的会计师的访谈表明，高层管理人员的承诺是必要的，以使 XBRL 与现有的财务报告流程保持一致，分配适当的资源，调整激励措施，并监控进展情况（Janssen and Tan，2014）。

6.2.5 研究评述

现有研究对 XBRL 的定义与应用意义做了详细的介绍，也对应用 XBRL 的影响因素做了进一步分析研究，认为管理者的支持、实施方式、企业的专业知识储备、利益相关者对 XBRL 应用具有较为重要的影响。除此之外，还有一部分学者关注了企业员工素质对应用 XBRL 的影响，并发现企业内部人员对新技术的认知水平将会影响新技术在企业推广的难易程度和推广进度。但较少有学者进一步深入分析企业会计从业人员素质、期望回报与 XBRL 推广意愿之间的作用机制，这部分的理论研究与实证分析都较为缺乏。

6.3 研究框架

本章的研究框架如图 6－1 所示，本章首先在前文相关理论研究的基础上分析不同影响因素对 XBRL 推广意愿的影响机制，提出相应的研究假设并构建结构方程模型。其次在调查问卷数据的基础上对模型进行检验，分析会计从业人员的哪些因素会影响企业的 XBRL 推广意愿，并进一步研究 XBRL 推广意愿对会计从业人员素质提升的影响。最后根据研究结果提出相应的建议。

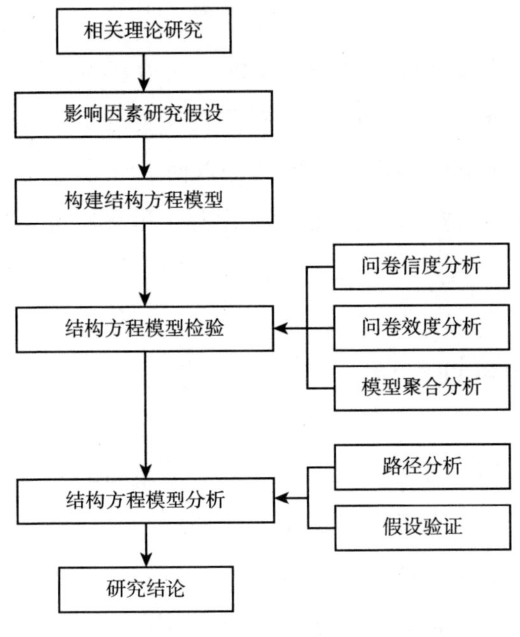

图 6－1　研究框架

6.4　研究方法

本章要研究不同影响因素对 XBRL 推广意愿的影响机制，由于影响因素有多个，且不同影响的衡量指标也有多个，而衡量 XBRL 推广意愿的指标也是多个，因而本章采用偏最小二乘法来研究这些变量之间的关系。

偏最小二乘法（PLS）是由沃尔德于 1983 年提出的一种数学优化算法，它将多元线性回归分析、典型相关分析和主成分分析相结合，因此，其分析结果不但更加合理，而且能得到更加丰富和深入的信息。特别当因变量个数较多且相互关联，而观测数据较少时，相较于传统的经典回归模型等方法，用偏最小二乘法建立的回归模型更优。

假设一共有 p 个自变量、q 个因变量和 n 个样本，研究自变量向量 $x_1, x_2, \cdots, x_p$ 与因变量向量 $y_1, y_2, \cdots, y_q$ 之间的关系。不妨假设这 p 个自变量 $x_1, x_2, \cdots, x_p$ 和 q 个因变量 $y_1, y_2, \cdots, y_q$ 均为标准化变量，因而自变量组和因变量

组的 n 次标准化观测数据矩阵可以记为：

$$A = \begin{bmatrix} a_{11} & a_{12} & \cdots & a_{1p} \\ a_{21} & a_{22} & \cdots & a_{2p} \\ \vdots & \vdots & \ddots & \vdots \\ a_{n1} & a_{n2} & \cdots & a_{np} \end{bmatrix} \tag{6-1}$$

$$B = \begin{bmatrix} b_{11} & b_{12} & \cdots & b_{1q} \\ b_{21} & b_{22} & \cdots & b_{2q} \\ \vdots & \vdots & \ddots & \vdots \\ b_{n1} & b_{n2} & \cdots & b_{nq} \end{bmatrix} \tag{6-2}$$

采用偏最小二乘回归方法建模的具体步骤如下。

（1）分别从自变量与因变量中提取第一对成分，并使之相关系数最大。分别从 X 和 Y 中提取出第一个成分 t_1 和 u_1 ，t_1 和 u_1 是分别是 $X = [x_1, x_2, \cdots, x_p]^T$ 和 $Y = [y_1, y_2, \cdots, y_q]^T$ 的线性组合：

$$t_1 = \alpha_{11}x_1 + \alpha_{12}x_2 + \cdots + \alpha_{1p}x_p = \gamma^{(1)T}X \tag{6-3}$$

$$u_1 = \beta_{11}y_1 + \beta_{12}y_2 + \cdots + \beta_{1q}y_q = \phi^{(1)T}Y \tag{6-4}$$

为了回归分析的需要，要求 t_1 尽可能多地携带自变量 X 的变异信息，u_1 也尽可能多地携带因变量 Y 的变异信息，并且 t_1 和 u_1 的相关系数达到最大。

由矩阵 A 和矩阵 B 可以计算出第一对成分的得分向量，记为 $\tilde{t}_1$ 和 $\tilde{u}_1$：

$$\tilde{t}_1 = A\gamma^{(1)} = \begin{bmatrix} a_{11} & a_{12} & \cdots & a_{1p} \\ a_{21} & a_{22} & \cdots & a_{2p} \\ \vdots & \vdots & \ddots & \vdots \\ a_{n1} & a_{n2} & \cdots & a_{np} \end{bmatrix} \begin{bmatrix} \alpha_{11} \\ \alpha_{12} \\ \vdots \\ \alpha_{1p} \end{bmatrix} \tag{6-5}$$

$$\tilde{u}_1 = B\phi^{(1)} = \begin{bmatrix} b_{11} & b_{12} & \cdots & b_{1q} \\ b_{21} & b_{22} & \cdots & b_{2q} \\ \vdots & \vdots & \ddots & \vdots \\ b_{n1} & b_{n2} & \cdots & b_{nq} \end{bmatrix} \begin{bmatrix} \beta_{11} \\ \beta_{12} \\ \vdots \\ \beta_{1q} \end{bmatrix} \tag{6-6}$$

可以通过计算第一对成分的得分向量 $\tilde{t}_1$ 和 $\tilde{u}_1$ 的内积来计算 t_1 和 u_1 的相关系数，即协方差 $Cov(t_1,u_1)$ 。因而可以建立模型：

$$\max Cov(t_1,u_1) = \max(\tilde{t}_1 \cdot \tilde{u}_1) = \max(A\gamma^{(1)} \cdot B\varphi^{(1)}) = \max\gamma^{(1)}A^TB\varphi^{(1)}$$

$$s.t. \begin{cases} \gamma^{(1)T}\gamma^{(1)} = \|\gamma^{(1)}\|^2 = 1 \\ \phi^{(1)T}\phi^{(1)} = \|\phi^{(1)}\|^2 = 1 \end{cases} \tag{6-7}$$

利用拉格朗日（Lagrange）乘数法将问题化为计算单位向量 $\gamma^{(1)}$ 和 $\varphi^{(1)}$ 使得 $\gamma^{(1)}A^TB\varphi^{(1)}$ 达到最大，记 $\gamma^{(1)}A^TB\varphi^{(1)} = \theta_1$ 。构建 p 阶方阵 $P = A^TBB^TA$ ，则 P 的最大特征值就为 θ_1^2 ，其对应的单位特征向量即为所求的 $\gamma^{(1)}$ ，而 $\varphi^{(1)}$ 则可以通过计算 $\gamma^{(1)}$ 解得：

$$\phi^{(1)} = \frac{1}{\theta_1}B^TA\gamma^{(1)} \tag{6-8}$$

（2）建立自变向量 $x_1,x_2,\cdots x_p$ 对 t_1 的回归以及因变向量 $y_1,y_2,\cdots,y_q$ 对的 t_1 回归。回归模型可以假设为：

$$\begin{cases} A = \tilde{t}_1\mu^{(1)T} + A_1 \\ B = \tilde{t}_1\omega^{(1)T} + B_1 \end{cases} \tag{6-9}$$

其中，$\mu^{(1)} = [\mu_{11},\mu_{12},\cdots,\mu_{1p}]^T$ 和 $\omega^{(1)} = [\omega_{11},\omega_{12},\cdots,\omega_{1q}]^T$ 分别是回归系数向量，A_1 和 B_1 是残差矩阵，因而 $A_1 = A - \tilde{t}_1\mu^{(1)T}, B_1 = B - \tilde{t}_1\omega^{(1)T}$。回归系数向量 $\mu^{(1)}$ 和 $\omega^{(1)}$ 的最小二乘估计为：

$$\begin{cases} \mu^{(1)} = \dfrac{A^T\tilde{t}_1}{\|\tilde{t}_1\|^2} \\ \omega^{(1)} = \dfrac{B^T\tilde{t}_1}{\|\tilde{t}_1\|^2} \end{cases} \tag{6-10}$$

称 $\mu^{(1)}$ 和 $\omega^{(1)}$ 为模型效应负荷量。

（3）用残差矩阵 A_1 和 B_1 代替 A 和 B 重复步骤（1）和（2）。如果残差矩

阵 B_1 中的元素的绝对值近似为 0，则认为用第一个成分建立的回归方程其精度已经满足要求，可以停止抽取成分。否则用残差矩阵 A_1 和 B_1 代替 A 和 B 重复步骤（1）和（2），可得：

$$\gamma^{(2)} = [\alpha_{21}, \alpha_{22}, \cdots, \alpha_{2p}]^T \tag{6-11}$$

$$\phi^{(2)} = [\beta_{21}, \beta_{22}, \cdots, \beta_{2q}]^T \tag{6-12}$$

第二对成分的得分向量为：$\tilde{t}_2 = A_1\gamma^{(2)}$ 和 $\tilde{u}_2 = B_1\varphi^{(2)}$，而 X 和 Y 的第二对成分的负荷量为：

$$\begin{cases} \mu^{(2)} = \dfrac{A_1^T \tilde{t}_2}{\| \tilde{t}_2 \|^2} \\ \omega^{(2)} = \dfrac{B_1^T \tilde{t}_2}{\| \tilde{t}_2 \|^2} \end{cases} \tag{6-13}$$

此时回归方程为：

$$\begin{cases} A = \tilde{t}_1\mu^{(1)T} + \tilde{t}_2\mu^{(2)T} + A_2 \\ B = \tilde{t}_1\omega^{(1)T} + \tilde{t}_2\omega^{(2)T} + B_2 \end{cases} \tag{6-14}$$

A_2 和 B_2 则为该方程的残差矩阵。

（4）设矩阵 $A_{n\times p}$ 的秩为 r，且 $r \leqslant \min(n-1, p)$，则存在 r 个成分 t_1，$t_2, \cdots, t_r$，使得：

$$\begin{cases} A = \tilde{t}_1\mu^{(1)T} + \cdots + \tilde{t}_r\mu^{(r)T} + A_r \\ B = \tilde{t}_1\omega^{(1)T} + \cdots + \tilde{t}_r\omega^{(r)T} + B_r \end{cases} \tag{6-15}$$

把 $t_i = \alpha_{i1}x_1 + \alpha_{i2}x_2 + \cdots + \alpha_{ip}x_p (i = 1, 2, \cdots, r)$，代入 $Y = t_1\omega^{(1)} + t_2\omega^{(2)} + \cdots + t_r\omega^{(r)}$，即可算出 q 个因变量的偏最小二乘回归方程：

$$y_k = c_{k1}x_1 + c_{k2}x_2 + \cdots + c_{kp}x_p, k = 1, 2, \cdots, q \tag{6-16}$$

（5）交叉有效性检验。一般情况下，偏最小二乘法并不需要选用全部的 r 的成分来建立回归方程式，而是选择前 h 个成分，可以通过交叉有效性检验来确定提取成分的个数 h 。

每次舍去第 $j(j=1,2,\cdots,n)$ 个观测数据对余下的 $n-1$ 个观测数据用偏最小二乘法建模，并考虑抽取 $s(s\leqslant r)$ 个成分后拟合的回归方程式，然后把舍去的自变量组第 j 个观测数据带入所拟合的回归方程式中，得到 $y_k(k=1,2,\cdots,q)$ 在第 j 个观测点上的预测值 $\tilde{b}_{(j)k}(s)$ 。

对 $j=1,2,\cdots,n$ 重复以上验证，即可得到抽取 s 个成分时第 k 个因变量 $y_k(k=1,2,\cdots,q)$ 的预测误差平方和为：

$$PRESS_k(s)=\sum_{j=1}^{n}(b_{jk}-\tilde{b}_{(j)k}(s))^2,k=1,2,\cdots,q \tag{6-17}$$

$Y=[y_1,y_2,\cdots,y_q]^T$ 的预测误差平方和为：

$$PRESS(s)=\sum_{j=1}^{q}PRESS_k(s) \tag{6-18}$$

另外，再采用所有样本点拟合含 s 个成分的回归方程。这时，记第 j 个样本点的预测值为 $\tilde{b}_{(j)k}(s)$ ，则可以定义 y_k 的误差平方和为：

$$SS_k(s)=\sum_{j=1}^{n}(b_{jk}-\tilde{b}_{(j)k}(s))^2 \tag{6-19}$$

定义 Y 的误差平方和为：

$$SS(s)=\sum_{j=1}^{q}SS_k(s) \tag{6-20}$$

当 $PRESS(s)$ 达到最小值时，对应的 s 即为所求的成分个数 h 。通常，总有 $PRESS(s)$ 大于 $SS(s)$ ，而 $SS(s)$ 则小于 $SS(s-1)$ 。因此，在提取成分时，总希望比值 $PRESS(s)/SS(s-1)$ 越小越好；一般可设定限制值为 0.05，即当 $PRESS(s)/SS(s-1)\leqslant(1-0.05)^2=0.95^2=0.9025$ 时，增加成分 t_s 有利于提高模型的精度。而当 $PRESS(s)/SS(s-1)>0.95^2=0.9025$ 时，则认为增加成分 t_s 无法减少预测误差。

因此，定义交叉有效性为：

$$Q_s^2 = 1 - \frac{PRESS(s)}{SS(s-1)} \tag{6-21}$$

这样，在建模的每一步计算结束前，都要进行交叉有效性检验，如果在第 s 步有 $Q_s^2 < 1 - 0.95^2 = 0.0975$，则模型达到精度要求，可以停止提取成分；如果 $Q_s^2 \geqslant 0.0975$，则应该继续提取第 $s+1$ 个成分计算，然后再次进行交叉有效性检验。

6.5 研究假设

6.5.1 文化素质对业务素质与信息素质的影响

根据技术创新扩散理论，企业财务人员自身素质才是企业实施 XBRL 的主要影响因素。而企业财务人员自身素质可以从文化素质、信息素质和业务素质三个方面衡量，文化程度较高的会计从业人员其业务素质和信息素质在一定程度上也会提高。因此，可以提出以下假设：

H1：文化素质对业务素质具有正向影响。

H2：文化素质对信息素质具有正向影响。

6.5.2 人员素质对物质期望与精神期望的影响

企业会计从业人员自身素质包括文化素质、信息素质和业务素质，文化素质较高的会计从业人员的需求层次较高，他们的物质期望和精神期望在一定程度上会提高；信息素质较高的会计从业人员由于自身信息技术水平较高，因而会提高其能力水平，他们的物质期望和精神期望会随技术水平的提高而增加；业务素质较高的会计从业人员由于自身会计业务水平较高，因而会使得他们的物质期望与精神期望在一定程度上有所增加。因此，可以提出以下假设：

H3：文化素质对物质期望具有正向影响。

H4：文化素质对精神期望具有正向影响。

H5：信息素质对物质期望具有正向影响。

H6：信息素质对精神期望具有正向影响。

H7：业务素质对物质期望具有正向影响。

H8：业务素质对精神期望具有正向影响。

6.5.3 人员素质对推广意愿的影响

文化素质、信息素质和业务素质都属于企业会计从业人员自身素质，其中文化素质较高的企业会计从业人员更加清楚实施 XBRL 对企业的重要作用，因而其 XBRL 推广意愿更强；信息素质较高的企业会计从业人员其自身信息技术水平较高，因而其 XBRL 推广意愿也将会增强；而业务素质较高的企业会计从业人员其财务业务能力较强，对会计准则也更为了解，因而会促进其 XBRL 推广意愿。因此，可以提出以下假设：

H9：文化素质对推广意愿具有正向影响。

H10：信息素质对推广意愿具有正向影响。

H11：业务素质对推广意愿具有正向影响。

6.5.4 物质期望与精神期望对推广意愿的影响

根据马斯洛需求理论、ERG 理论和期望理论可知，人为了满足自己在某方面的期望和需求会去做某些事情，一般而言，物质期望是较为基础的需求，而精神期望则是更高层次的追求。因此，企业会计从业人员 XBRL 推广意愿将会受到其精神期望与物质期望的影响。对物质期望较高的会计从业人员更想要获得物质上的回报，因而将会提高其 XBRL 推广意愿；对精神期望较高的会计从业人员更想要实现其自身价值，满足自身精神需求，因而也将会提高其 XBRL 推广意愿。因此，可以提出以下假设：

H12：物质期望对推广意愿具有正向影响。

H13：精神期望对推广意愿具有正向影响。

6.5.5 推广意愿对素质提高的影响

XBRL 推广意愿较高则进一步促进 XBRL 的实施，实施 XBRL 可以加深会计从业人员对财务报告的理解程度，提高其自身信息化水平，因而会提升其自身素质。因此，可以提出以下假设：

H14：推广意愿对素质提高具有正向影响。

6.6 构建结构方程模型

6.6.1 指标分类与变量代号

经过整理与分析，本章将人员素质信息 15 个变量分成文化素质、信息素质、业务素质、精神期望和物质期望五个潜变量，其分类细则与变量代号如表 6－1 所示。

表 6－1　指标分类细则与变量代号

一级指标	二级指标	变量代号	三级指标
人员素质	业务素质	Q1	从事会计相关年限
		Q2	从事过 3 个月以上的会计岗位数
		Q3	2018 年参加业务学习的次数
		Q4	关注的财务方面公众号数量
	信息素质	Q5	对 XBRL 工作的熟悉度
		Q6	信息技术水平适应度
		Q7	微信好友人数量
		Q8	电脑杀毒维护次数
		Q9	电脑杀毒维护水平

续表

一级指标	二级指标	变量代号	三级指标
人员素质	文化素质	Q10	文化程度
		Q11	阅读数书籍量
	精神期望	Q12	心理认同感提升度
		Q13	荣誉感提升度
		Q14	职位晋升帮助度
	物质期望	Q15	额外收入满意度
推广意愿	总体满意度	Q16	总体认可度
		Q17	企业形象提升度
		Q18	推广迫切度
	管理提升度	Q19	管理绩效提升度
		Q20	报送报表工作量降低度
		Q21	主管部门管理提升度
	信息化提升度	Q22	财务信息可比提升度
		Q23	财务信息利用效率提升度
		Q24	企业信息化水平提升度
	业务提升度	Q25	业务水平提升度
素质提高	素质提高	Q26	自身信息化水平提升度
		Q27	理解财务知识提升度

6.6.2 结构方程模型构建

根据上述假设与分析可以建立如图 6－2 所示的结构方程模型。其中，圆

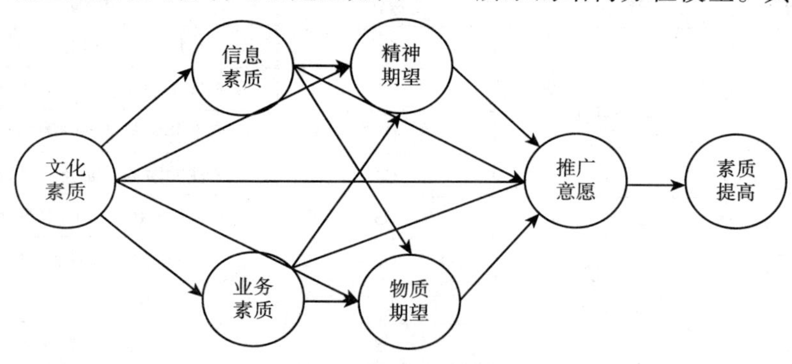

图 6－2 结构方程模型

圈代表潜变量，总共有七个潜变量，分别为业务素质、信息素质、文化素质、精神期望、物质期望、推广意愿和素质提高。

6.7 结构方程模型检验

鉴于本次回收有效数据124份，因而本章采用偏最小二乘法（partial least squares，PLS）来验证上述模型的有效性，并进一步分析变量之间的关系。偏最小二乘法的优点是对模型理论和样本数量要求不高，近年来被广泛应用于结构方程模型领域。

6.7.1 问卷信度分析

本章先借助SPSS软件对问卷的信度进行分析。信度分析（reliability analysis）主要用来考察问卷的可信度，只有信度在相关研究可以接受的范围之内时，问卷的数据才是可信的，才有进一步分析的必要。Cronbach's Alpha系数是衡量信度的一种指标，其值越大表示信度越高。本章的问卷总体Cronbach's Alpha系数为0.859，大于0.7，说明问卷的信度较好，适合做进一步的数据分析。

6.7.2 问卷效度分析

问卷的效度分析是检验问卷是否能准确测量出预测者的行为特质，一般可采用结构效度来进行检测，即检测测量结果体现的某种结构与检测之间的对应程度。而结构效度分析所采用的方法是因子分析，即用KMO与Bartlett检验来验证数据是否适合做因子分析。KMO和Bartlett检验结果如表6-2所示，KMO统计量为0.860，大于0.7；Bartlett的球形度检验结果显示，近似卡方为2447.517，自由度为351，且样本数据显著性概率Sig值为0.000，小于0.05，表明样本变量之间存在一定的相关性，适合做进一步分析。

表 6-2 KMO 和 Bartlett 检验

指标		数值
KMO 取样适切性量数		0.860
Bartlett 的球形度检验	近似卡方	2447.517
	自由度	351
	显著性 Sig.	0.000

6.7.3 问卷聚合效度

SmartPLS 2.0 软件对于样本数量要求不高，一般要求数据量为估计量的 5 倍以上或 200 个以下即可，适合小样本的分析。因此，本章借助 SmartPLS 2.0 对模型的聚合效度进行检验，一般认为平方差萃取值 AVE 应大于 0.5。本章模型的 AVE 分析统计情况如表 6-3 所示，各潜变量的 AVE 值均处于 0.5 以上，且取平方根之后的值（表格中加粗的值）均大于其他变量的相关系数，表明此次问卷的模型与数据具有良好的聚合效度。

表 6-3 AVE 分析统计

项目	AVE	业务素质	信息素质	推广意愿	文化素质	物质期望	精神期望	素质提高
业务素质	0.518	0.720						
信息素质	0.503	0.265	0.709					
推广意愿	0.740	0.143	0.448	0.860				
文化素质	0.642	0.583	0.359	0.077	0.801			
物质期望	1.000	0.020	0.373	0.411	0.198	1.000		
精神期望	0.755	0.083	0.556	0.727	0.131	0.674	0.869	
素质提高	0.800	0.097	0.543	0.687	0.097	0.430	0.818	0.895

6.8 结构方程模型分析

如图 6-3 所示，本章计算出结构方程模型的路径系数将其汇总成如表 6-4 所示的路径系数及假设结果统计。根据 T 值来判断其路径系数是否通过统计检验，1. 65 < T < 1. 96 表示在 10% 的水平下通过了统计检验，1. 96 < T < 2. 58 表示在 5% 的水平下通过了统计检验，2. 58 < T < 3. 16 表示在 1% 的水平下通过了统计检验。因此，可以发现 14 个假设中仅有 H1、H2、H9、H10、H13 和 H14 通过了统计检验。

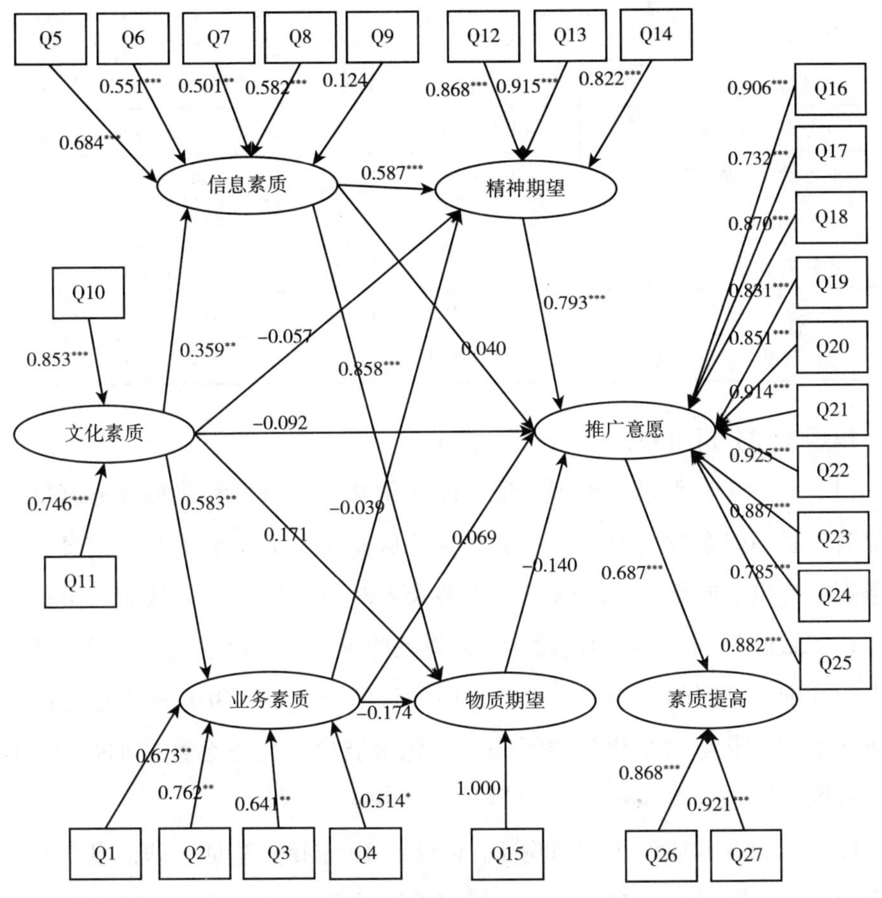

图 6-3　结构方程模型路径系数与显著性

表 6-4　　路径系数及假设结果统计

	系数	T 值	对应假设	检验结果
文化素质→业务素质	0. 583 ***	2. 625	H1	支持
文化素质→信息素质	0. 359 ***	3. 018	H2	支持
文化素质→物质期望	0. 171	1. 280	H3	不支持

续表

	系数	T 值	对应假设	检验结果
文化素质→精神期望	-0.057	0.561	H4	不支持
文化素质→推广意愿	-0.092	1.160	H9	不支持
信息素质→物质期望	0.358 ***	3.808	H5	支持
信息素质→精神期望	0.587 ***	7.198	H6	支持
信息素质→推广意愿	0.063	0.592	H10	不支持
业务素质→物质期望	-0.174	1.160	H7	不支持
业务素质→精神期望	-0.039	0.387	H8	不支持
业务素质→推广意愿	0.117	1.562	H11	不支持
物质期望→推广意愿	-0.118	1.278	H12	不支持
精神期望→推广意愿	0.774 ***	5.330	H13	支持
推广意愿→素质提高	0.687 ***	7.594	H14	支持

根据上述分析可知：

（1）假设 1 和假设 2 得到验证，即文化素质对信息素质和业务素质的影响显著，且回归系数均为正数，说明会计从业人员文化素质对其信息素质和业务素质产生正向影响，因而企业招聘人才时需要提升会计从业人员的文化素质；但假设 3、假设 4 和假设 9 均未得到验证，即文化素质对物质期望、精确期望和推广意愿的影响不显著，说明会计从业人员 XBRL 推广意愿的精神追求和物质追求与其文化素质无关，文化素质提升也不会直接加强其 XBRL 推广意愿。

（2）假设 5 和假设 6 得到验证，但假设 10 未得到验证，即信息素质对物质期望、精神期望的影响显著，且回归系数均为正数，但对推广意愿的直接作用并不显著，说明信息素质通过物质期望和精神期望的中介对推广意愿产生正向作用，而不是直接对推广意愿的产生作用。

（3）假设 7、假设 8 和假设 11 均未得到验证，即业务素质对物质期望、精神期望和推广意愿的影响不显著，说明会计从业人员的业务素质与其 XBRL 推广意愿无关。这可能是由于自身业务素质较高的会计从业人员对现有的会计实施规则和会计制度较为熟悉，对 XBRL 认知度不够，因而不太愿意进行改变。

(4) 假设13得到验证，而假设12未得到验证，即精神期望对推广意愿的影响显著，且回归系数为正数，物质期望对推广意愿不显著，说明会计从业人员对实施XBRL更加看重精神激励，看重自我价值的实现。

(5) 假设14得到验证，即推广意愿对素质提高影响显著，且回归系数为正数，说明XBRL推广意愿可以加深会计从业人员对财务报告的理解程度，提高其自身信息化水平，因而会提升其自身素质。

模型的业务素质、信息素质、物质期望、精神期望、推广意愿和素质提高的解释力（R Square）分别为48.962%、27.864%、31.390%、46.600%、70.166%和62.180%，且推广意愿的拟合优度最高，说明模型的总体解释力较好。除此之外，如表6-5所示，PLS结构方程的外部系数均为正，仅有一个变量未通过统计检验，且其余变量的相关系数均在0.5以上，说明潜变量较好地概括了显变量所包含的信息，与本章理论分析相符。

表6-5　结构方程变量相关系数统计

潜变量	对应指标	系数	T值
业务素质	从事会计相关年限	0.673**	2.075
	从事过3个月以上的会计岗位数	0.762***	3.420
	2018年参加业务学习的次数	0.641***	3.834
	关注的财务方面公众号数量	0.514*	1.957
信息素质	对XBRL工作的熟悉度	0.684***	9.004
	信息技术水平适应度	0.551***	4.675
	微信好友数量	0.501***	3.944
	电脑杀毒维护次数	0.582***	6.420
	电脑杀毒维护水平	0.124	0.881
文化素质	文化程度	0.853***	7.288
	阅读数书籍量	0.746***	8.922
精神期望	心理认同感提升度	0.868***	28.465
	荣誉感提升度	0.915***	43.994
	职位晋升帮助度	0.822***	17.227
物质期望	额外收入满意度	1.000	—

续表

潜变量	对应指标	系数	T 值
推广意愿	总体认可度	0.906 ***	32.808
	企业形象提升度	0.732 ***	10.090
	推广迫切度	0.870 ***	26.124
	管理绩效提升度	0.831 ***	14.621
	报送报表工作量降低度	0.851 ***	21.878
	主管部门管理提升度	0.914 ***	30.315
	财务信息可比提升度	0.925 ***	63.160
	财务信息利用效率提升度	0.887 ***	37.815
	企业信息化水平提升度	0.785 ***	7.540
	业务水平提升度	0.883 ***	20.889
素质提高	自身信息化水平提升度	0.868 ***	23.503
	理解财务知识提升度	0.921 ***	36.532

6.9 本章小结

本章以广西未推广实施 XBRL 的企业为调查对象，通过理论分析将会计从业人员素质分为文化素质、信息素质与业务素质，在前文相关理论研究的基础上对不同影响因素与 XBRL 推广意愿的相互影响机制进行理论分析，并依此提出研究假设。随后，根据这种关系构建结构方程模型，并基于调查问卷数据对该模型进行效验，借助 smartpls 软件分析会计从业人员的哪些因素会影响企业的 XBRL 推广意愿，并进一步研究和分析 XBRL 推广意愿对会计从业人员素质提升的影响。研究发现文化素质对信息素质和业务素质的影响显著、会计从业人员文化素质及业务素质与 XBRL 推广意愿无关、会计从业人员物质期望对 XBRL 推广意愿影响轻微、会计从业人员信息素质通过精神期望中介作用对 XBRL 推广意愿产生正向影响、XBRL 推广意愿对企业会计从业人员自身素质起反作用。

第 7 章 结论与政策建议

本章在前面研究的基础上总结了第 4、第 5、第 6 章的研究结论，并提出了有针对性的推广政策及建议，对今后进一步推进 XBRL 的推广进度具有很大的参考价值。并对研究存在的问题和未来研究进展进行了展望。

7.1 研究结论

7.1.1 XBRL 推广难度大，动力机制不足

大部分企业都可以意识到 XBRL 对企业的管理绩效、信息化水平以及财务人员业务水平具有提升作用，但应用过程中存在的成本、人力及技术培训等问题加大了 XBRL 的实施难度，磨灭了企业主动应用 XBRL 的积极性。

首先，XBRL 的实施难度较大。XBRL 与企业内部信息系统融合性差的同时导致其学习难度大是企业在推广工作面临的首要问题，这就要求企业加大对信息化的投入和对财务人员的相关培训力度。

其次，XBRL 与信息系统融合不足。国家政府部门的要求以及财政部等会计部门的相关规定是绝大部分企业开始考虑应用 XBRL 的主要原因。从驱动力的调查中可以发现，这些企业依旧把政府的要求归为主要的推动力，同时

企业内部自觉驱动的效用很低，这就导致了绝大部分企业可能只是“应付检查”，无法真正地将 XBRL 与企业内部各项工作完美的契合。

最后，小微型企业实施 XBRL 的难度大。通过调查可以发现，与大型国有企业相比，小微型企业从推广时间和推广难度来讲都是偏大的。因而在今后的推广工作中要对这两种企业过多关注，最好可以制定符合这类企业的相关推广条例。

7.1.2　企业性质、规模、关联公司数量不会影响 XBRL 推广意愿

根据独立样本 t 检验结果可知，企业性质和企业规模不同的两个企业分组其 XBRL 推广意愿并不具有显著性差异，均值也相差不大，即企业性质和企业规模不会影响其 XBRL 推广意愿，这说明了不同性质、不同规模的企业都明白推广实施 XBRL 的重要性。除此之外，企业关联公司数量不同的两个企业分组其 XBRL 推广意愿也不具有显著性差异，这是由于被调查的都是尚未推广实施 XBRL 的企业会计从业人员，他们虽然理论上知道实施 XBRL 的优势，但在 XBRL 对关联公司管理改进方面还缺乏感性认识，因而关联公司数量较多的企业并不会因而提高其 XBRL 推广意愿。

7.1.3　企业应用财务软件年数较长的 XBRL 推广意愿较低

根据独立样本 T 检验结果可知，企业应用财务软件年数不同的两个企业分组其 XBRL 推广意愿具有显著性差异，且应用财务软件年数较长的企业其 XBRL 推广意愿均值明显低于应用财务软件年数较短的企业，说明应用财务软件年数较长的企业更不愿意去推广实施 XBRL。这是由于应用财务软件年数较长的企业财务软件相对成熟，主要基于局域网技术，功能升级可能不足，导致财务软件水平和功能不够，而应用财务软件年限较短的企业往往财务软件较新，一般基于互联网技术，知识含量高、软件更新快，有的甚至已经包括了 XBRL 可选功能，所以这些企业拥有更高的 XBRL 推广意愿。

7.1.4 会计从业人员文化素质正向影响其信息素质与业务素质

通过结构方程模型分析可以证实，会计从业人员的文化素质对其信息素质和业务素质都具有显著的正向影响，说明企业会计从业人员文化素质提高将会进一步加强其业务素质与信息素质，即文化素质较高的会计从业人员其自我学习能力较好，会有意识地提升自己的业务素质与信息素质。但文化素质对物质期望、精神期望与推广意愿影响不显著，说明文化素质高低并不会影响会计从业人员对推广 XBRL 的物质期望与精神期望，也不会加强其 XBRL 的推广意愿。

7.1.5 会计从业人员文化素质与 XBRL 推广意愿无关

根据回归分析可知，文化素质对 XBRL 推广意愿无显著性贡献。同时，根据结构方程模型分析结果可知，文化素质对推广意愿的影响也不显著，因而文化素质与 XBRL 推广意愿无关。这是由于文化素质属于基本素质，而 XBRL 属于技术应用，基本素质较高并不会影响其技术应用能力，也不会提高企业 XBRL 推广意愿，因而会计从业人员文化素质与企业 XBRL 推广意愿无关。

7.1.6 会计从业人员业务素质与 XBRL 推广意愿无关

通过结构方程模型分析可以证实，会计从业人员业务素质对精神期望、物质期望和推广意愿的影响不显著，说明会计从业人员的业务素质与其 XBRL 推广意愿无关。这是由于自身业务素质较高的会计从业人员，其业务能力较强，不太需要物质与精神方面的激励推动他们实施 XBRL。除此之外，业务素质较高的会计从业人员对现有的会计实施规则和会计制度较为熟悉，对 XBRL 认知度不够，因而不太愿意进行改变，也就不太愿意推广实施 XBRL。

7.1.7 会计从业人员精神期望正向影响 XBRL 推广意愿

根据回归分析可知，精神期望对 XBRL 推广意愿的贡献为正，说明会计从业人员精神期望整体上正向影响企业 XBRL 推广意愿。XBRL 的应用与推广不仅仅是对实施人员的巨大挑战，更对实施企业提出了高难度的要求，故而高成就需求者与 XBRL 工作有着更高的匹配度。管理者在挑选高成就需求者来承担 XBRL 工作的同时，也应完善企业的晋升环境与奖励机制，并对 XBRL 财务报告编制质量结果进行及时反馈，创造更有利于激发员工成就动机的环境。会计从业人员精神期望正向影响企业 XBRL 推广意愿则意味着企业在推广实施 XBRL 时，会计人员对具有挑战性的工作具有成就感，应该更加关注员工的精神期望，以满足他们对于自我价值提升的需求。

7.1.8 XBRL 推广意愿较低的企业精神期望的弹性更高

根据分位数回归分析可知，精神期望对推广意愿的回归系数随着分位数的增加而降低，即 XBRL 推广意愿较低的企业精神期望对 XBRL 推广的弹性更高。这是由于推广意愿较低的企业其推广难度更大，但是，如果推广成功，对财务人员的工作肯定程度更大，他们会更有成就感，因而其精神期望值更高，所以财务人员反而有更大的积极性去从事推广工作。而对于 XBRL 推广意愿较强的企业而言，意味着企业会投入更多的人力、物力和财力去进行推广，这样财务人员的成就感反而有所下降，因而其精神期望的弹性有所降低。

7.1.9 会计从业人员物质期望对 XBRL 推广意愿影响轻微

根据回归分析可知，物质期望对 XBRL 推广意愿的贡献为负。这是由于物质期望是较为基础的需求，一般当物质需求被满足后人们会进一步追求精神需求。XBRL 推广工作是企业财务报告的重要组成部分，在整个财务工作中虽然重要，但从工作量的角度增加有限，所以一般情况下也难以给财务人员带来物质回报，加上财务人员总体上业务素质较高，敬业精神较好，因而并不会为了追求物质回报来实施 XBRL，所以他们物质期望对 XBRL 推广意愿的回归系数为负。

通过结构方程模型分析可知，会计从业人员的物质期望对企业 XBRL 推广意愿影响不显著，但其精神期望对企业 XBRL 推广意愿影响较为显著，且回归系数较大。结合问卷基本统计信息可以看出，此次调查的企业会计从业人员为业务骨干，中层管理员居多，且从事会计相关岗位年限较长，因而这些人的缺乏性需求已经被满足，物质激励对其产生影响较小，他们更加看重成长性需求，即精神激励和自我价值的实现。

7.1.10 会计从业人员信息素质通过精神期望中介作用对 XBRL 推广意愿产生正向影响

通过结构方程模型分析可以证实，会计从业人员信息素质对物质期望、精神期望的影响显著，但对推广意愿的直接作用并不显著，但由于物质期望对 XBRL 推广意愿影响不显著，而精神期望对 XBRL 推广意愿影响显著，因此，可以说明会计从业人员信息素质通过精神期望的中介作用对 XBRL 推广意愿产生正向影响，而不是直接对推广意愿的产生作用。由此也可以进一步说明会计从业人员的信息素质对于推广实施 XBRL 的重要性。

7.1.11 XBRL 推广意愿对企业会计从业人员自身素质起反作用

通过结构方程模型中推广意愿潜变量对素质提高潜变量的作用机制可以看出，XBRL 推广意愿可以提高企业会计从业人员自身素质，且模型的解释力（R Square）为 62.18%，说明其结果较为可信。这可以说明，企业 XBRL 推广意愿不但可以优化企业的会计信息化水平和企业财务管理效率，还可以进一步提升企业会计从业人员的信息化水平和财务素质。

因此，企业推广实施 XBRL 时应加强企业会计从业人员文化素质培养，着重培养其信息素质，以减少企业推广的阻力并提升企业实施 XBRL 的效果。

在实施推广 XBRL 时，企业可以适当考虑物质激励，但更应该关注员工的精神期望，以满足他们对于自我价值提升的需求。由于企业 XBRL 推广意愿不但可以提高企业的会计信息化水平和企业财务管理效率，还可以进一步提升企业会计从业人员的信息化水平和财务素质，因而会提高企业综合软实力，促进企业进一步发展。

7.2 政策建议

7.2.1 全面推广 XBRL 应用

由于企业性质、规模、关联公司数量不会影响 XBRL 的推广意愿，换言之，无论企业属于大型企业还是小微企业，其财务人员对 XBRL 推广的认识程度与积极性均不受其影响。XBRL 提供的信息本质上属于公共信息产品，XBRL 的研究和推进是政府部门义不容辞的职责。并且国内的会计及审计准则都是由财政部牵头制定的，XBRL 的研究也应该由财政部牵头。财政部门可以转换推广 XBRL 的思路，不再按企业规模性质等划分推广的优先级，而统一 XBRL 推广对象，在全国范围构建一套完整的 XBRL 技术规范体系，对所有企业实行全面而稳进的推广。

全面推广 XBRL 有助于政府实现管理绩效的提升，各部门在互联网的大环境下进行结构化文本管理与检索，以进一步延伸信息的可利用性与数据的可分析性，提高信息检索效率，从而降低信息交换的成本。同时，政府主导下的 XBRL 软件开发将进一步解决现阶段 XBRL 软件的乏力之处，在集合现有技术成果的基础上，在大规模的应用下分流软件的开发投入，大大降低企业的软件采购或研发成本，实现软件成本的下降。另外，XBRL 将简化内部和外部财务报表的编制，提高公司向投资者、监管机构、分析师和贷款人公布金融信息的能力，以更便利的途径透明可靠地收集和共享财务信息。

7.2.2 及时升级企业财务软件

根据调查结果可知，应用财务软件年限较长的企业更不愿意去推广实施XBRL。企业财务软件应用时间长说明了其财务系统构建已经相对成熟，也导致了XBRL软件难以与公司内部的业务财务系统相融合，这是如今导致XBRL推广工作进程慢的一个主要原因。因而企业对财务软件的更新与升级也日趋重要，政府部门应重视XBRL在大数据背景下发挥的不可替代的作用，进一步鼓励企业深化XBRL应用，积极升级财务系统使之与XBRL技术需要相匹配，促进财务系统与XBRL功能的融合。

7.2.3 注重提高财务人员文化素质

文化素质指的是一个人的文化程度及学习能力，而业务素质是企业人员完成工作所必备的综合能力，通过多年教育与培训产生的专业财务知识与业务操作技能是财务人员理解与学习XBRL的基础。XBRL基于自身的技术背景具有较大的理解难度，这也对财务人员的学习能力提出了较高的要求。由分析结果可知，会计从业人员的文化素质对其信息素质和业务素质都具有显著的正向影响，而企业会计从业人员文化素质提高将会进一步加强其业务素质与信息素质，故企业在招聘财务人员时应对其文化水平投入更多关注，同时为财务人员提供更多的培训活动以帮助他们提升业务素质。

7.2.4 在XBRL业务层面积极与外部合作

根据统计结果，会计从业人员业务素质与XBRL推广意愿无关，而信息素质则通过精神期望中介作用对XBRL推广意愿产生正向影响，信息素质本身对XBRL推广意愿不产生直接影响。企业在可在XBRL业务层面积极寻求外部机构的援助，即使财务人员对XBRL的实际操作并非完全熟悉，但只要拥有足够程度的信息提取、加工、转换、存储能力，依然可以理解并支持

XBRL 在企业的推广。同时，还应加强财务人员的 XBRL 培训课程，消除财务人员对推广 XBRL 的恐惧感，使员工在 XBRL 的学习过程中不断加深对 XBRL 知识与技能的掌握程度，并在积累中获得精神满足，提高实施意愿。

7.2.5　加强对员工实施 XBRL 的精神激励

由研究结果可知，会计从业人员精神期望正向影响 XBRL 推广意愿，同时 XBRL 推广意愿较低的企业精神期望的弹性更高，故企业应加强对员工的精神激励。想要实现对 XBRL 应用的精神激励，首先需要提高 XBRL 本身的效价，使员工切身感受实施 XBRL 工作所能带来的好处，从而提升他们对 XBRL 的评价；其次应通过完善 XBRL 在企业的应用技术来加强员工对 XBRL 的信心，增强他们对 XBRL 的期待值。此外，还要员工心中树立明确的 XBRL 学习目标，并划分详细的进度，使员工在不断达成目标的过程中感到满足。另外，为了避免 XBRL 实施难度超越个体能力而引发员工挫折感，企业需要加大 XBRL 的培训范围与深度，增加员工的知识与经验，通过提高员工能力降低目标的相对难度，使实施人员更加努力地投入 XBRL 财务报告的编制工作。

7.2.6　强化对 XBRL 推广的领导工作

如今的推广工作中政府部门仍是发挥带头力量的一方，因此，为充分发挥政府部门、监管部门等机构的引导作用，即在财政部统一领导的框架内，依托会计准则委员会成立 XBRL 标准专业委员会，是推进 XBRL 在我国研究和应用的必由之路。

政府应优先大规模采用 XBRL。政府自身出发带头在税务、海关、审计等部门应用，通过政府先行，充分调动企业的积极性，以其强大的领导力发挥引领作用，自上而下地敦促企业尽快提升财务信息系统，将数据传递与应用打通，形成一个相互关联的整体。政府在国税局、海关等部门优先研发并在系统中内嵌、应用 XBRL 技术，便于各部门在互联网的大环境下进行结构化文本管理与检索，以进一步延伸信息的可利用性与数据的可分析性，提高信息检索效率，从而降低信息交换的成本。

国家层面还应加强对优秀 XBRL 应用企业的奖励工作。目前企业对 XBRL 应用多处于信心不足的观望状态，政府作为 XBRL 推广的主导力量，在优先大规模采用 XBRL 的同时应对 XBRL 推广成果优秀的企业进行宣传与表彰，通过颁发奖状等方式对其进行精神上的激励，并形成榜样作用，鼓励企业在服从政策的同时看到实施 XBRL 的优势与希望，从而对 XBRL 软件更有信心，应用 XBRL 技术的内部驱动逐渐超越外部拉动，更具自发性与主动性。

7.2.7 积极对员工进行 XBRL 培训，提升员工自身素质

由分析结果可知，XBRL 推广意愿对企业会计从业人员自身素质起反作用，即企业 XBRL 推广意愿不但可以优化企业的会计信息化水平和企业财务管理效率，还可以进一步提升企业会计从业人员的信息化水平和财务素质。因此，企业推广实施 XBRL 时应加强企业会计从业人员文化素质培养，着重培养其信息素质，以减少企业推广的阻力并提升企业实施 XBRL 的效果；还可以进一步提升企业会计从业人员的信息化水平和财务素质，从而提高企业综合软实力，促进企业进一步发展。

7.3 研究展望

7.3.1 对 XBRL 推广意愿模型的进一步优化

本书以马斯洛需求理论及传统期望理论为基础构建了关于 XBRL 的推广意愿模型，得到了一些确切的结论，例如会计从业人员精神期望正向影响 XBRL 推广意愿等。但是，影响财务人员工作效率的因素还有其他方面，后续研究还可结合需求理论、激励理论的最新发展不断对素质、期望以及 XBRL

的推广意愿模型进行进一步的优化。

7.3.2 研究 XBRL 实施效果的影响机制

本书着重以未实施 XBRL 的企业作为样本发放问卷进行统计分析，得出了人员素质及期望与推广意愿之间的关系结论。但应用 XBRL 技术的试点企业对于 XBRL 有着更深刻的认知及体会，他们的财务人员素质、物质与精神期望对于 XBRL 的实际应用效果有着什么样的影响呢？各素质之间关系也会有着相同的结论吗？他们有什么可借鉴的推广建议呢？这一切有待进一步深入研究。

7.3.3 XBRL 推广的地区差异比较

本书基于广西壮族自治区进行调查，通过以点窥面的方式研究企业财务人员对 XBRL 推广意愿的影响因素，为财政部在全国范围推广 XBRL 提供参考与借鉴。然而，广西作为西部地区与东部地区存在着经济环境、发展水平之间的固有差距。不同地区的企业 XBRL 推广意愿的影响因素是否存在区别？下一步可结合经济发达地区数据扩大研究样本、拓展研究范围，这也需要进一步的研究。

附录：调查问卷

广西 XBRL 应用和未来推广调查问卷

社会经济的发展和网络信息技术的提高对会计信息的披露模式及其应用提出了更高的要求，随着企业竞争加剧，财务业务日益庞杂，传统格式的财务报告已经远远不能满足企业的需求。按照财政部“十三五”规划的要求，受自治区财政厅会计管理处的委托，桂林电子科技大学商学院开展了 XBRL 应用和未来推广调查。请您于百忙之中抽出时间如实填写，我们将严格为您保密，仅供研究使用。非常感谢您的帮助和支持！

请注意以下填表事项：

1. 填写时如认为某个问题不适合您的情形，可在题目旁边作出说明；
2. 相关信息以 2018 年底的信息为准；
3. 涉及分值的题目，打分时 0 代表效果最差或影响最小，10 代表效果最好或影响最大，请在相应选项中打“√”；
4. 凡是金额的计量单位均为“万元”；
5. 尚未实施 XBRL 工作的企业人员不填写“第一部分中的（二）XBRL 应用调查”部分；
6. 问卷填写好后统一上交。

一、企业调查表

（一）企业基本信息

公司名称		
公司性质	□国有或国有控股企业 □民营企业	□其他
所属行业	□制造业 □金融业	□信息传输、软件和信息技术服务业 □居民服务、修理和其他服务业

续表

<table>
<tr><td>所属行业</td><td colspan="4">□批发零售业 □电力、热力、燃气及水生产和供应业
□教育行业 □租赁和商务服务业
□建筑业 □公共管理、社会保障和社会组织
□房地产业 □交通运输、仓储和邮政业
□农林牧渔业 □科学研究和技术服务业
□采矿业 □水利、环境和公共设施管理
□住宿和餐饮业 □文化体育和娱乐业
□卫生和社会工作 □国际组织</td></tr>
<tr><td rowspan="3">财务信息</td><td>2018 年资产总额</td><td></td><td>2018 年国有资产总额</td><td></td></tr>
<tr><td>2018 年负债总额</td><td></td><td>2018 年营业收入总额</td><td></td></tr>
<tr><td>2018 年利润总额</td><td></td><td>2018 所得税费用</td><td></td></tr>
<tr><td rowspan="5">信息化情况</td><td>企业应用 XBRL 年限</td><td></td><td>企业应用 XBRL 软件年限</td><td></td></tr>
<tr><td>财务人员总人数</td><td></td><td>企业经过培训 XBRL 人数</td><td></td></tr>
<tr><td>每年投入 XBRL 人数</td><td></td><td>每年投入 XBRL 工作日数</td><td></td></tr>
<tr><td>应用财务软件年数</td><td></td><td>企业的关联公司数量</td><td></td></tr>
<tr><td>公司 XBRL 应用累计直接投入</td><td></td><td></td><td></td></tr>
</table>

（二）XBRL 应用调查（备注：尚未实施 XBRL 的企业人员不填写该部分）

分数 待评分项	0	1	2	3	4	5	6	7	8	9	10
1. 您对本公司 XBRL 应用效果的总体看法											
2. 主管部门对公司 XBRL 应用效果满意度											
3. 公司高层领导对 XBRL 应用效果满意度											
4. XBRL 对公司信息化水平的提升度											
5. XBRL 对报表送审流程优化程度											
6. 公司领导对 XBRL 应用重视程度											
7. XBRL 为公司或财务部门带来的荣誉及影响力											
8. XBRL 应用对财务人员业务素质提高程度											
9. XBRL 报告复核质量和水平											
10. XBRL 应用对财务部门工作负荷的影响程度（10 表示负荷最大）											

续表

待评分项 \ 分数	0	1	2	3	4	5	6	7	8	9	10
11. 公司应用 XBRL 的成本效益情况（10 最好）											
12. 公司信息化管理的规范化水平											
13. 公司 XBRL 规章制度的完整度											
14. XBRL 与公司财务软件模块融合的紧密程度											
15. 公司对 XBRL 未来应用规划的深度（10 表示全方位深度应用）											
16. 您认为 XBRL 的实施会增加企业财务信息泄露的风险程度（10 表示风险最大）											

17. XBRL 在本公司应用模块有（　　）。

A. 账务处理　　B. 固定资产管理　　C. 工资管理

D. 成本管理　　E. 财务报表及附注

18. 公司财务系统是否内嵌 XBRL 功能？　　□是　□否

19. 公司是否引进了专业的 XBRL 技术人才？　　□是　□否

20. 公司 XBRL 软件的应用模式（本公司未使用）为（　　）。

A. 自行开发　　B. 外包　　C. 购买软件　　D. 财务系统内嵌

21. 公司 ERP 软件的品牌名称是（　　）。

A. 富士通　　B. 用友　　C. 金蝶　　D. 浪潮

E. 中科金财　　F. 普联　　G. 吉贝克　　H. NTT

I. 东华　　J. 其他________　　K. 自行开发　　L. 无财务软件

22. 公司 XBRL 软件的品牌名称（本公司未使用）是（　　）。

A. 富士通　　B. 用友　　C. 金蝶　　D. 浪潮

E. 中科金财　　F. 普联　　G. 吉贝克　　H. NTT

I. 东华　　J. 其他________　　K. 自行开发

二、XBRL 未来推广

您对 XBRL 推广应用的看法。

待评分项 \ 分数	0	1	2	3	4	5	6	7	8	9	10
1. 您对 XBRL 推广应用的认可程度											
2. 推广应用 XBRL 对提高企业管理绩效的作用											
3. 推广应用 XBRL 对提升企业外部形象的作用											
4. 推广应用 XBRL 对报表多方报送工作量的降低程度											
5. 推广应用 XBRL 对公司财务信息可比性的提高程度											
6. 推广应用 XBRL 对提高上级主管部门管理的作用											
7. 推广应用 XBRL 对财务信息利用效率的提升程度											
8. 推广应用 XBRL 对企业信息化水平的提升度											
9. 推广应用 XBRL 对财务人员业务水平提高程度											
10. 您认为 XBRL 推广培训的迫切程度											

11. 您认为 XBRL 未来的实施方式应该是（　　）。

A. 独立完整的 XBRL 工具软件自动完成

B. 集成在现有的财务软件系统内部自动完成

C. 在辅助软件的基础上加上人工干预

D. 其他________________________

12. 您认为未来 XBRL 应用软件推广实施方式应为（　　）。

A. 财务软件内置　　B. 企业自行开发　　C. 财政厅统一下发软件

D. 其他________________________

13. 您认为（　　）会促进贵单位继续坚持 XBRL 工作。

A. 国家要求推广实施 XBRL 工作

B. 对实施企业、参与实施人员进行适当物质或精神奖励

C. 单位内部增加专门的 XBRL 实施人员岗位

D. 对实施人员进行系统的 XBRL 知识培训，掌握必备技能

E. 会计主管机构制定合理高效的实施机制

F. 其他________________________

14. 请您将不同类型企业按照 XBRL 的推广难度从易到难排列（　　）。

①国有控股企业　　②民营企业　　③其他

15. 请您将不同规模企业按照 XBRL 的推广难度从易到难排列________

①大型企业　　②中型企业　　③小微型企业

16. 对于以下 XBRL 驱动因素，请您按照强度从大到小排列________

①政府主管部门推动

②企业内部自觉驱动

③外部竞争被迫实施

17. 您认为 XBRL 在推广中存在的困难有（　　）。

A. 企业对 XBRL 普遍缺乏正确认识

B. XBRL 与企业内部信息系统之间尚未打通

C. 现阶段我国 XBRL 分类标准未统一

D. 企业领导重视程度不够

E. XBRL 软件操作难度较大

F. XBRL 软件的学习难度大

G. XBRL 应用的时间成本较高

H. XBRL 应用的人力成本较高

I. XBRL 应用的财力成本较高

J. 不清楚

18. 您认为实施 XBRL 应该采取（　　）方式最好。

A. 本单位实施人员自主完成

B. 外包给软件商或会计服务机构

C. 各实施单位在统一的时间和地点集中完成

D. 财政厅、高校指派技术人员协助本单位实施

E. 其他______________________

19. 您认为以下企业全面推广实施 XBRL 所需要的时间是：

①大型企业 ________年

②中型企业 ________年

③小微型企业　　□1 年　□2 年　□3 ~ 5 年　□5 年以上

20. 您认为如何更好实施 XBRL？（可从财政部门、其他主管部门、企业以及政策支持等角度，具体填写建议和意见）

三、填表人员信息

待评分项 \ 分数	0	1	2	3	4	5	6	7	8	9	10
1. 参与实施 XBRL 的心理认同感											
2. 实施 XBRL 为您带来的荣誉感											
3. 实施 XBRL 为您带来额外经济收入满意度											
4. 实施 XBRL 对您的职位晋升潜在帮助程度											
5. 实施 XBRL 对提高您的信息化水平程度											
6. 实施 XBRL 加深您对会计准则及财务报告理解程度											
7. 您对 XBRL 工作的熟悉程度											
8. 您的电脑及软件操作水平与工作要求的适应程度											

9. 您对 XBRL 工作的认识（　　）。

A. 按照财政部要求上交 XBRL 格式报告，有助于推进年报数据的标准化

B. 有利于内部财务数据分析利用

C. 从实施的情况来看，暂时对企业内部管理没有产生实质性作用

D. 现有的 ERP 系统已经完全满足内部管理分析之用，有没有 XBRL 数据无所谓

E. 其他________________________

10. 您的性别是（　　）。

A. 男　　B. 女

11. 您的文化程度是（　　）。

A. 大专　　B. 本科　　C. 硕士　　D. 博士　　E. 其他

12. 您的职位等级是（　　）。

A. 普通职员　　B. 业务骨干

C. 中层管理人员　　D. 高层管理人员

13. 您的会计相关从业年限为________年。

14. 您从事过 3 个月以上的会计岗位数________个。

15. 您2018年参加业务学习的次数为________次（一天记为2次）。

16. 您的微信好友人数是________个（不用微信填0）。

17. 您关注的财务方面公众号数量为________个。

18. 最近3年，您平均一年看________本书。

19. 您的电脑每年进行垃圾清理、系统杀毒等软件维护次数为________次。

20. 您的电脑清理、系统杀毒等软件维护是否由自己操作？ □是 □否

感谢您能在百忙之中抽出时间配合我们调查工作的进行，祝您工作愉快，万事如意！

参考文献

[1] 陈漫红. 基于马斯洛需求层次理论对图书馆人力资源管理的探讨 [J]. 图书馆论坛, 2010, 30 (5): 161 - 163.

[2] 陈宋生, 罗少东. 推进 XBRL 在企业中应用的几点建议 [J]. 财务与会计, 2016 (19): 59.

[3] 陈潇怡, 欧阳电平. 我国企业实施 XBRL 财务报告的问题与对策——基于湖北省 32 家国有企业的问卷调查 [J]. 财务与会计, 2014 (2): 11 - 14.

[4] 程玮. 大学生择业需要层次实证分析——基于马斯洛需求层次理论 [J]. 高教探索, 2014 (1): 163 - 167.

[5] 陈文铭, 王淑娇, 郑芳. 基于 XBRL 模式的网络财务报告应用问题研究 [J]. 财经问题研究, 2011 (8): 109 - 115.

[6] 高锦萍, 付景林. 基于 XBRL 的纳税呈报研究 [J]. 税务研究, 2010 (9): 92 - 94.

[7] 高锦萍, 潘煜. 政府会计透明度及提升路径研究 [J]. 管理世界, 2017 (3): 174 - 175.

[8] 高锦萍, 彭晓峰. XBRL 财务报告分类标准的质量及特征研究 [J]. 经济问题探索, 2008 (7): 78 - 83.

[9] 高锦萍, 张天西. XBRL 财务报告分类标准评价——基于财务报告分类与公司偏好的报告实务的匹配性研究 [J]. 会计研究, 2006 (11): 24 - 29 + 96.

[10] 高锦萍, 万岩, 范静. XBRL 财务呈报创新扩散的关键因素研究 [J]. 财经问题研究, 2016 (1): 85 - 92.

[11] 梁军，何丽萍. 高校贫困学生心理问题探析——基于马斯洛需求理论 [J]. 社会科学家，2011 (6)：109 - 110.

[12] 李富玲，卢振波. 可扩展商业报告语言 XBRL 研究述评 [J]. 现代图书情报技术，2006 (7)：56 - 61.

[13] 李富玲，卢振波. 可扩展商业报告语言的体系结构与应用分析 [J]. 情报科学，2007 (2)：271 - 276.

[14] 李国正，陈江涛. 企业一套表与可扩展商业报告语言的比较研究 [J]. 统计研究，2010，27 (10)：9 - 12.

[15] 李连祥，王宇飞. 企业员工的信息素养培养研究 [J]. 统计与决策，2010 (24)：186 - 188.

[16] 林华. 财务报告的历史演进和发展趋势 [J]. 华东师范大学学报 (哲学社会科学版)，2006 (1)：94 - 99.

[17] 林华. 未来财务报告：XBRL 数字化网络报告——XBRL 在我国应用的现状、问题和对策 [J]. 上海经济研究，2007 (3)：85 - 92.

[18] 刘勤. 对当前一些有关 XBRL 流行观点的思考 [J]. 会计研究，2006 (8)：80 - 85 + 97.

[19] 刘玉廷. 推广应用 XBRL 推进会计信息化建设 [J]. 会计研究，2010 (11)：3 - 9.

[20] 李为. XBRL——监管的革命 [J]. 证券市场导报，2009 (1)：4 - 8.

[21] 李闻一，王嘉良，胡小峰，杜志玥. 基于 XBRL 的业财融合分析 [J]. 财务与会计，2016 (3)：44 - 45.

[22] 李修飞，李瑛，李修玲. 对激励的理解与研究 [J]. 企业经济，2003 (12)：30 - 31.

[23] 李争争，张天西，赵现明，吴忠生. XBRL 信息披露质量研究综述 [J]. 科技管理研究，2013，33 (10)：187 - 192.

[24] 吕志明. XBRL 网络财务报告存在的缺陷与完善之策 [J]. 现代财经—天津财经大学学报，2009，29 (9)：23 - 28.

[25] 吕志明. 基于 XBRL 的审计流程再造 [J]. 财经问题研究，2011

(3): 125 - 129.

[26] 乔鹏程. XBRL 技术扩散与“一带一路”下财务报告的国际沟通研究 [J]. 西藏民族大学学报 (哲学社会科学版), 2017, 38 (6): 114 - 118 + 137.

[27] 郝云宏. 企业家激励: 制度激励、形式激励与激励形式 [J]. 经济学家, 2000 (2): 25 - 29.

[28] 郝志华, 王华. 浅谈激励在企业管理中的运用 [J]. 中国商贸, 2011 (17): 76 - 77.

[29] 贺军, 鞠利. XBRL 应用对利益相关者的影响研究 [J]. 中国管理信息化, 2013, 16 (20): 25 - 27.

[30] 何芹. 上市银行 XBRL 财务报告现状及存在的问题 [J]. 证券市场导报, 2011 (6): 22 - 28.

[31] 黄长胤, 吴忠生. 自愿性信息披露影响因素实证研究——基于 XBRL 分类标准视角 [J]. 经济与管理研究, 2011 (8): 116 - 122.

[32] 黄长胤, 张天西. XBRL 分类标准扩展与信息披露质量 [J]. 现代管理科学, 2011 (5): 32 - 34.

[33] 霍振响. 高校学报编辑与作者非工作关系的构建及思考——基于马斯洛需求层次理论 [J]. 编辑学报, 2018, 30 (6): 568 - 570.

[34] 胡仁昱, 刘一洋. 网络财务报告格式 (XBRL) 的应用范围 [J]. 中国管理信息化, 2006 (11): 33.

[35] 姜彤彤, 吴修国. 对可扩展商业报告语言及相关问题的探讨 [J]. 华东经济管理, 2008 (6): 60 - 62.

[36] 蒋雪湘, 胡久刚. 基于马斯洛需求层次论对企业员工激励的探讨 [J]. 湖南师范大学教育科学学报, 2008 (5): 121 - 123.

[37] 穆秀萍. 中国石油实施 XBRL 的经验与体会 [J]. 财务与会计, 2012 (12): 58 - 59.

[38] 聂萍, 汤洋, 杜碧莹. XBRL 环境下财务报告鉴证框架的建构——基于 XBRL 财务报告元素的角度 [J]. 财经理论与实践, 2013, 34 (5): 75 - 79.

[39] 聂萍, 周戴. 基于 XBRL 环境网络财务报告网页呈现质量实证研究 [J]. 会计研究, 2011 (4): 8 - 14 + 93.

[40] 潘琰. 可扩展企业报告语言及其对会计的影响 [J]. 会计研究, 2003 (1): 39-44.

[41] 潘琰, 林炎滨. XBRL 财务报告质量体系构建之思考 [J]. 福州大学学报 (哲学社会科学版), 2012, 26 (5): 37-45.

[42] 秦晓霞, 席鹏. 基于 XBRL 的网络财务报告模式构建 [J]. 山西财经大学学报, 2008 (S1): 160.

[43] 谭卫东. 论建立保险公司员工的激励机制 [J]. 保险研究, 2000 (10): 28-29+27.

[44] 曲吉林, 寇纪淞, 李敏强. 基于 XML 的企业报告语言 XBRL [J]. 情报科学, 2005 (2): 252-254.

[45] 邵敬浩. XBRL 在我国会计信息化工作中的应用研究 [J]. 经济研究参考, 2012 (11): 75-77.

[46] 沈颖玲. 会计全球化的技术视角——利用 XBRL 构建国际财务报告准则分类体系 [J]. 会计研究, 2004 (4): 35-40.

[47] 王琳, 龚昕. 我国 XBRL 财务报告应用与会计信息质量——基于沪深经验数据的实证分析 [J]. 财经问题研究, 2012 (11): 124-129.

[48] 王淑霞. 推动企业实施 XBRL 之我见 [J]. 财务与会计, 2014 (3): 60-61.

[49] 王淑霞. 浅析会计信息标准化的实现途径 [J]. 财务与会计, 2016 (1): 49-50.

[50] 吴忠才. 运用激励理论调动员工积极性的策略 [J]. 西南民族大学学报 (哲学社会科学版), 2002 (S1): 12-13.

[51] 吴忠生, 刘勤. 市场竞争、政府行为与 XBRL 技术扩散 [J]. 会计研究, 2015 (8): 19-23+96.

[52] 吴忠生, 刘勤. 国际 XBRL 应用经验及对我国推进 XBRL 事业的启示 [J]. 管理现代化, 2016, 36 (2): 53-55.

[53] 徐经长, 张艺馨, 曾令会. XBRL 与经营效率——来自深圳证券交易所的经验数据 [J]. 社会科学辑刊, 2014 (2): 131-136.

[54] 徐增新. 制造企业基层员工激励机制研究 [J]. 知识经济, 2019

(10): 77 – 78.

[55] 续慧泓，杨周南. 基于 XBRL 的财政信息透明度改进研究 [J]. 财政研究，2015 (9): 96 – 99.

[56] 肖蕊，谭雅静. 我国资本市场 XBRL 数据应用框架研究 [J]. 证券市场导报，2010 (10): 35 – 39.

[57] 许贵庆，周雪琴，张新年. 科技人员分配激励机制研究 [J]. 南京社会科学，2000 (9): 74 – 78.

[58] 杨海峰. 信息技术环境下的财务呈报研究综述 [J]. 会计研究，2004 (7): 84 – 88.

[59] 杨敏. 服务社会各方建立中国特色的 XBRL 应用体系 [J]. 财务与会计，2013 (7): 5 – 7.

[60] 杨敏. 稳步推进通用分类标准扩大实施全面提升会计信息化标准建设水平 [J]. 财务与会计，2012 (3): 8 – 10.

[61] 杨周南，吴沁红，续慧泓. 中国 XBRL 研讨会综述 [J]. 会计研究，2006 (8): 86 – 89.

[62] 颜子瑜. XBRL 的传播对利益相关者参与程度的影响研究 [J]. 行政事业资产与财务，2015 (34): 85 – 86 + 79.

[63] 袁放建，冯琪. 企业国际化对 XBRL 网络财务报告的实证研究——来自沪市 2010 年的经验证据 [J]. 西安财经学院学报，2013，26 (1): 89 – 93.

[64] 袁永科，李昂. 基于马斯洛需求层次理论的区域软实力评价与实证 [J]. 统计与决策，2017 (20): 72 – 75.

[65] 余良宇，张天西. 会计准则国际趋同与 XBRL 技术推广的交互影响 [J]. 现代管理科学，2014 (11): 96 – 98.

[66] 曾乐，杨健. 一类新兴的可扩展报告语言——XBRL 体系 [J]. 档案学通讯，2011 (3): 69 – 72.

[67] 张虹，杨海文. 浅析科研创新中的人性管理——基于马斯洛需求层次理论的分析 [J]. 科技管理研究，2013，33 (22): 148 – 151.

[68] 张天西，高锦萍. XBRL 对审计的影响研究 [J]. 当代财经，2007

(6): 101-104.

[69] 张鑫，叶明. XBRL在我国推广应用影响因素分析 [J]. 现代商贸工业，2011，23 (7): 249-250.

[70] 张艺馨，徐经长. 新型财务报送模式下的非效率投资研究 [J]. 经济理论与经济管理，2016 (4): 55-65.

[71] 赵公民，李欣. 我国国有企业员工激励机制研究 [J]. 中国行政管理，2008 (6): 82-84.

[72] 赵惠芳，水银银，徐晟. 我国基于XBRL语言的网络财务呈报模型研究 [J]. 安徽大学学报，2005 (4): 134-137.

[73] 赵现明. XBRL技术下的企业财务报告——研究综述及启示 [J]. 经济与管理研究，2012 (2): 120-128.

[74] 赵现明，张天西. 基于XBRL标准的年报信息含量研究 [J]. 经济与管理研究，2010 (2): 102-107.

[75] 赵玉华. 浅谈企业人力资源中的员工激励 [J]. 世界最新医学信息文摘，2016，16 (36): 220.

[76] 郑伟，季雨. 推广我国XBRL应用的几点建议 [J]. 财务与会计，2016 (13): 60.

[77] 郑济孝. XBRL格式财务报告对基金市场有效性的影响研究 [J]. 会计研究，2015 (12): 74-80+97.

[78] 周斌. 基于激励理论的员工激励分析 [J]. 前沿，2011 (8): 119-121.

[79] 左文军. XBRL实施中存在的问题及建议 [J]. 财务与会计，2016 (12): 66-6.

[80] Agostinho C, Černý J, Jardim-Goncalves R. MDA-based interoperability establishment using language independent information models [C] //International IFIP Working Conference on Enterprise Interoperability. Springer, Berlin, Heidelberg, 2012: 146-160.

[81] Alderfer. An Empirical Test of the New Theory of Human Needs, 1969, 11 (3): 459-468.

[82] Alles, Michael. Special issue: XBRL and the future of disclosure [J]. International Journal of Disclosure and Governance, 2009, 6 (3): 184 - 185.

[83] Altman, W. Building public trust [J]. Engineering Management Journal, 2002, 12 (6): 254.

[84] Amin K, Eshleman J D, Feng C. The Effect of the SEC's XBRL Mandate on Audit Report Lags [J]. Accounting Horizons, 2017, 32 (1): 1 - 27.

[85] Arndt H K, Graubitz H, Klesinski R. Using Topic Maps for Sustainability Reporting [M] //Inf-ormation Technologies in Environmental Engineering. Springer, Berlin, Heidelberg, 2007: 47 - 59.

[86] Bagnoli M, Wang T, Watts S G. How do corporate websites contribute to the information environment? Evidence from the US and Taiwan [J]. Journal of Accounting and Public Policy, 2014, 33 (6): 596 - 627.

[87] Bartley J, Chen A Y S, Taylor E. Avoiding common errors of XBRL implementation [J]. Journal of Accountancy, 2010, 209 (2): 46 - 51.

[88] Bartley J, Chen A Y S, Taylor E Z. A comparison of XBRL filings to corporate 10-Ks—Evidence from the voluntary filing program [J]. Accounting Horizons, 2011, 25 (2): 227 - 245.

[89] Beckman J, Shan Y G, Troshani I. The effect of mandatory XBRL and IFRS adoption on audit fees [J]. International Journal of Managerial Finance, 2016.

[90] Beerbaum D. Towards an XBRL-enabled corporate governance reporting taxonomy.: An empirical study of NYSE-listed Financial Institutions [M]. BoD-Books on Demand, 2016.

[91] Berridge K C, Robinson T E. Liking, wanting, and the incentive-sensitization theory of addiction [J]. American Psychologist, 2016, 71 (8): 670.

[92] Bhattacharya N, Cho Y J, Kim J B. Leveling the playing field between large and small institutions: evidence from the SEC's XBRL mandate [J]. The Accounting Review, 2018, 93 (5): 51 - 71.

[93] Blankespoor E, Miller B P, White H D. Initial evidence on the market

impact of the XBRL mandate [J]. Review of Accounting Studies, 2014, 19 (4): 1468 -1503.

[94] Boritz J E, Efendi J, Lim J H. Executive Team Information System and Financial Reporting Competencies, and Voluntary Adoption of XBRL Reporting [J]. Journal of Information Systems, Forthcoming, 2012.

[95] Boritz J E, No W G. Assurance on XBRL-related documents: The case of United Technologies Corporation [J]. Journal of Information Systems, 2009, 23 (2): 49 -78.

[96] Boritz J E, No W G. Security in XML-based financial reporting services on the Internet [J]. Journal of Accounting and Public Policy, 2005, 24 (1): 11 - 35.

[97] Boritz J E, Timoshenko L M. Firm-specific characteristics of the participants in the SEC's XBRL voluntary filing program [J]. Journal of Information Systems, 2015, 29 (1): 9 -36.

[98] Boyatzis R E. The competent manager: A model for effective erformance [M]. John Wiley & Sons, 1982.

[99] Bozanic Z, Dietrich J R, Johnson B A. SEC comment letters and firm disclosure [J]. Journal of Accounting and Public Policy, 2017, 36 (5): 337 -357.

[100] Buys P W. The impact of XBRL on the financial reporting supply chain: a South African case study [J]. Meditari Accountancy Research, 2008, 16 (1): 43 -58.

[101] Cerasoli C P, Nicklin J M, Ford M T. Intrinsic motivation and extrinsic incentives jointly predict performance: A 40-year meta-analysis [J]. Psychological bulletin, 2014, 140 (4): 980.

[102] Cerasoli C P, Nicklin J M, Nassrelgrgawi A S. Performance, incentives, and needs for autonomy, competence, and relatedness: a meta-analysis [J]. Motivation and Emotion, 2016, 40 (6): 781 -813.

[103] Chen G, Wang X, Zhou J. What do the markets say? Shareholder wealth effects of the XBRL mandate [J]. Journal of Information Systems, 2017,

32 (3): 1-21.

[104] Chen S, Guo J, Tong X. XBRL Implementation and Post-Earnings-Announcement Drift: The Impact of State Ownership in China [J]. Journal of Information Systems, 2016, 31 (1): 1-19.

[105] Cho Y, Shin M, Billing T K, et al. Transformational leadership, transactional leadership, and affective organizational commitment: a closer look at their relationships in two distinct national contexts [J]. Asian Business & Management, 2019: 1-24.

[106] Debreceny R, Farewell S. Adios! Airways: An assignment on mapping financial statements to the US GAAP XBRL taxonomy [J]. Issues in Accounting Education, 2010, 25 (3): 465-488.

[107] Debreceny R, Farewell S, Piechocki M, et al. Does it add up? Early evidence on the data quality of XBRL filings to the SEC [J]. Journal of Accounting and Public Policy, 2010, 29 (3): 296-306.

[108] Debreceny R, Gray G L, Rahman A. The determinants of Internet financial reporting [J]. Journal of Accounting and Public policy, 2002, 21 (4-5): 371-394.

[109] Debreceny R S, Chandra A, Cheh J J, et al. Financial reporting in XBRL on the SEC's EDGAR system: A critique and evaluation [J]. Journal of Information Systems, 2005, 19 (2): 191-210.

[110] Debreceny R S, Farewell S M, Piechocki M, et al. Flex or break? Extensions in XBRL disclosures to the SEC [J]. Accounting Horizons, 2011, 25 (4): 631-657.

[111] Devrimi Kaya, Julian A. Pillhofer. Potential Adoption of IFRS by the United States: A Critical View [J]. Social Science Electronic Publishing, 2013, 27 (2): 271-299.

[112] Dinh N, Piot C. IFRS Adoption in Europe and Audit Market Concentration [J]. SSRN Electronic Journal, 2014.

[113] Dong Y, Hu N, Li X, et al. Analyst firm coverage and forecast accu-

racy: the effect of regulation fair disclosure [J]. Abacus, 2017, 53 (4): 450 - 484.

[114] D'Souza J M, Ramesh K, Shen M. The interdependence between institutional ownership and information dissemination by data aggregators [J]. The Accounting Review, 2010, 85 (1): 159 - 193.

[115] Du J, Zhou L. Improving financial data quality using ontologies [J]. Decision Support Systems, 2012, 54 (1): 76 - 86.

[116] Dunne T, Helliar C, Lymer A, et al. Stakeholder engagement in internet financial reporting: The diffusion of XBRL in the UK [J]. The British Accounting Review, 2013, 45 (3): 167 - 182.

[117] Dyer T, Lang M, Stice-Lawrence L. Do managers really guide through the fog? On the challenges in assessing the causes of voluntary disclosure [J]. Journal of Accounting and Economics, 2016, 62 (2 - 3): 270 - 276.

[118] Dyer T, Lang M, Stice-Lawrence L. The evolution of 10-K textual disclosure: Evidence from Latent Dirichlet Allocation [J]. Journal of Accounting and Economics, 2017, 64 (2 - 3): 221 - 245.

[119] Efendi J, Park J D, Smith L M. Do XBRL filings enhance informational efficiency? Early evidence from post-earnings announcement drift [J]. Journal of Business Research, 2014, 67 (6): 1099 - 1105.

[120] Efendi J, Park J D, Subramaniam C. Does the XBRL reporting format provide incremental information value? A study using XBRL disclosures during the voluntary filing program [J]. Abacus, 2016, 52 (2): 259 - 285.

[121] Efendi J, Smith M, Wong J. Longitudinal analysis of voluntary adoption of XBRL on financial reporting [J]. International Journal of Economics and Accounting, 2011, 2 (2): 173 - 189.

[122] Elam R, Wenger M R, Williams K L. XBRL tagging of financial statement data using XMLspy: The small company case [J]. Issues in Accounting Education Teaching Notes, 2012, 27 (3): 9 - 38.

[123] Faboyede O S, Mukoro O D, Iyoha F, et al. The impact of extensible

business reporting language education and adoption on stock exchange development: a focus on Nigeria [J]. 2017.

[124] Farewell S, Debreceny R. Attesting adios! airways' XBRL filings: A case study on performing agreed-upon procedures [J]. Accounting Education, 2012, 21 (2): 131 -160.

[125] Fisher R T, Naylor S T. Corporate reporting on the Internet and the expectations gap: new face of an old problem [J]. Accounting and Business Research, 2016, 46 (2): 196 -220.

[126] Fleishman E A. On the relation between abilities, learning, and human performance [J]. American Psychologist, 1972, 27 (11): 1017.

[127] Gerdes Jr J. EDGAR-Analyzer: automating the analysis of corporate data contained in the SEC's EDGAR database [J]. Decision Support Systems, 2003, 35 (1): 7 -29.

[128] Giannetti C, Jentzsch N. Credit Reporting, Access to Finance and Identification Systems: International Evidence [J]. Jena Economic Research Papers, 2011.

[129] Gil-Garcia J R, Chengalur-Smith I S, Duchessi P. Collaborative e-Government: impediments and benefits of information-sharing projects in the public sector [J]. European Journal of Information Systems, 2007, 16 (2): 121 -133.

[130] Grabski S V, Leech S A, Schmidt P J. A Review of ERP Research: A Future Agenda for Accounting Information Systems [J]. Journal of Information Systems, 2011, 25 (1): 37 -78.

[131] Gomaa M I, Markelevich A, Shaw L. Introducing XBRL through a financial statement analysis project [J]. Journal of Accounting Education, 2011, 29 (2 -3): 153 -173.

[132] Graves L M, Sarkis J, Gold N. Employee proenvironmental behavior in Russia: The roles of top management commitment, managerial leadership, and employee motives [J]. Resources, Conservation and Recycling, 2019, 140: 54 -64.

[133] Griffin P A, Cahan S. The market for credit default swaps: new in-

sights into investors \ " use of accounting information? [J]. Accounting & Finance, 2014, 54 (3): 847 - 883.

[134] Grover L K. A fast quantum mechanical algorithm for database search [J]. arXiv preprint quant-ph/9605043, 1996.

[135] Guilloux V, Locke J, Lowe A. Digital business reporting standards: mapping the battle in France [J]. European Journal of Information Systems, 2013, 22 (3): 257 - 277.

[136] Hall M, Smith D, Langfield-Smith K. Accountants' commitment to their profession: Multiple dimensions of professional commitment and opportunities for future research [J]. Behavioral Research in Accounting, 2005, 17 (1): 89 - 109.

[137] Hodge F D, Kennedy J J, Maines L A. Does Search - Facilitating Technology Improve the Transparency of Financial Reporting? [J]. The Accounting Review, 2004, 79 (3): 687 - 703.

[138] Hong G, Cho Y, Froese F J, et al. The effect of leadership styles, rank, and seniority on affective organizational commitment: A comparative study of US and Korean employees [J]. Cross Cultural & Strategic Management, 2016, 23 (2): 340 - 362.

[139] Hwang C L, Yoon K. Multiple attribute decision making: methods and applications: a state-of-the-art survey [J]. Springer-Verlag New York, 1981, 24: 113.

[140] Ilias A, Ghani E K. Examining the adoption of extensible business reporting language among public listed companies in Malaysia [J]. Procedia Economics and Finance, 2015, 28: 32 - 38.

[141] Janssen M, Tan Y H. Dynamic Capabilities for Information Sharing: XBRL enabling business-to-government information exchange [C] //2014 47th Hawaii International Conference on System Sciences. IEEE, 2014: 2104 - 2113.

[142] Janssen M, Veenstra A F V, Voort H V D. Management and Failure of Large Transformation Projects: Factors Affecting User Adoption [C] // International Working Conference on Transfer and Diffusion of IT. 2013.

[143] Janvrin D J, Pinsker R E, Mascha M F. XBRL-enabled, spreadsheet, or PDF? Factors influencing exclusive user choice of reporting technology [J]. Journal of information systems, 2013, 27 (2): 35 -49.

[144] Kaya D, Pronobis P. The benefits of structured data across the information supply chain: Initial evidence on XBRL adoption and loan contracting of private firms [J]. Journal of Accounting and Public Policy, 2016, 35 (4): 417 -436.

[145] Kim J W, Lim J H, No W G. The Effect of Mandatory XBRL Reporting across the Financial Information Environment: Evidence in the First Wave of Mandated U. S. Filers [J]. Social Science Electronic Publishing, 2012, 27 (27): 67 -9.

[146] Kloos M, Hulstijn J, Seck M, et al. XBRL-Driven Business Process Improvement: A Simulation Study in the Accounting Domain [J]. 2013.

[147] La Rosa F, Caserio C. Are auditors interested in XBRL? A qualitative survey of big auditing firms in Italy [M] //Accounting information systems for decision making. Springer, Berlin, Heidelberg, 2013: 13 -45.

[148] Liao H, Toya K, Lepak D P, et al. Do they see eye to eye? Management and employee perspectives of high-performance work systems and influence processes on service quality. [J]. Journal of Applied Psychology, 2009, 94 (2): 371 -391.

[149] Linnenluecke M K, Russell S V, Griffiths A. Subcultures and sustainability practices: The impact on understanding corporate sustainability [J]. Business Strategy and the Environment, 2009, 18 (7): 432 -452.

[150] Liu C, Luo X R, Sia C L, et al. The impact of XBRL adoption in PR China [J]. Decision Support Systems, 2014, 59: 242 -249.

[151] Liu C, Luo X R, Wang F L. An empirical investigation on the impact of XBRL adoption on information asymmetry: Evidence from Europe [J]. Decision Support Systems, 2017, 93: 42 -50.

[152] Liu C. XBRL: a new global paradigm for business financial reporting [J]. Journal of Global Information Management (JGIM), 2013, 21 (3): 60 -80.

[153] Liu C, Wang T, Yao L J. XBRL's impact on analyst forecast behavior: An empirical study [J]. Journal of Accounting and Public Policy, 2014, 33 (1): 69 – 82.

[154] Locke J, Lowe A, Lymer A, et al. Interactive data and retail investor decision-making: an experimental study [J]. Accounting & Finance, 2015, 55 (1): 213 – 240.

[155] Lovec M. Summary and Conclusion: Beyond 'New Wine in Old Bottles' [M] //The European Union's Common Agricultural Policy Reforms. Palgrave Macmillan, London, 2016: 171 – 181.

[156] Mancini D, Vaassen E H J, Dameri R P. Accounting information systems for decision making [J]. 2013.

[157] Mayhew K, Keep E. The assessment: knowledge, skills, and competitiveness [J]. Oxford Review of Economic Policy, 1999, 15 (1): 1 – 15.

[158] McClelland D C. Testing for competence rather than for" intelligence. " [J]. American psychologist, 1973, 28 (1): 1.

[159] Muduli A. High performance work system, HRD climate and organisational performance: an empirical study [J]. European journal of Training and development, 2015, 39 (3): 239 – 257.

[160] Nelson M W, Tayler W B. Information Pursuit in Financial Statement Analysis: Effects of Choice, Effort, and Reconciliation [J]. Accounting Review, 2007, 82 (3): 731 – 758.

[161] Perdana A, Robb A, Rohde F. Interactive data visualisation for accounting information: a three-fit perspective [J]. Behaviour & Information Technology, 2019, 38 (1): 85 – 100.

[162] Pinsker R, Li S. Costs and benefits of XBRL adoption: Early evidence [J]. Communications of the ACM, 2008, 51 (3): 47.

[163] Plumlee R D, Plumlee M A. Assurance on XBRL for financial reporting [J]. Accounting Horizons, 2008, 22 (3): 353 – 368.

[164] Reimsbach, Daniel. Pro forma earnings disclosure: the effects of non-

GAAP earnings and earnings-before on investors' information processing [J]. Journal of Business Economics, 2014, 84 (4): 479 -515.

[165] Richardson S, Tuna I, Wysocki P. Accounting anomalies and fundamental analysis: A review of recent research advances [J]. Journal of Accounting and Economics, 2010, 50 (2 -3): 410 -454.

[166] Rich B L, Lepine J A, Crawford E R. Job engagement: Antecedents and effects on job performance [J]. Academy of management journal, 2010, 53 (3): 617 -635.

[167] Robb D A, Rohde F H, Green P F. S tandard B usiness R eporting in A ustralia: efficiency, effectiveness, or both? [J]. Accounting & Finance, 2016, 56 (2): 509 -544.

[168] Rokeach M. The nature of human values [M]. Free press, 1973.

[169] Schwartz M. Telecommunication networks: protocols, modeling and analysis [M]. Reading, MA: Addison-Wesley, 1987.

[170] Setijono D, Laureani A, Anton, 2013y J. Critical success factors for the effective implementation of Lean Sigma [J]. International Journal of Lean Six Sigma, 2012, 3 (4): 274 -283.

[171] Shan Y G, Troshani I. DOES XBRL BENEFIT FINANCIAL STATEMENT AUDITING? [J]. Journal of Computer Information Systems, 2014, 54 (4): 11 -21.

[172] Slehat Y. Affecting Factors on eXtensible Business Reporting Language (XBRL) Adoption Among Public Listed Companies in Amman Stock Exchange [J]. 2018.

[173] Sijbom R B L, Lang J W B, Anseel F. Leaders' achievement goals predict employee burnout above and beyond employees' own achievement goals [J]. Journal of personality, 2019, 87 (3): 702 -714.

[174] Spencer T, Biederman J, Steingard R, et al. Case study: bupropion exacerbates tics in children with attention-deficit hyperactivity disorder and Tourette's syndrome [J]. Journal of the American Academy of Child & Adolescent Psychiatry,

1993, 32 (1): 211 -214.

[175] Spohr D, Cimiano P, McCrae J, et al. Using spin to formalise accounting regulations on the semantic web [J]. 2012.

[176] Spranger E. Types of men. The psychology and ethics of personality [J]. 1928.

[177] Srivastava R P, Liu Q. Special Issue of JIS on XBRL [J]. Journal of Information Systems, 2012, 26 (1): 97 -101.

[178] Sunder S. Better financial reporting: Meanings and means [J]. Journal of Accounting and Public Policy, 2016, 35 (3): 211 -223.

[179] Tang F. An Integrated Understanding of Confidence and User Calibration in Information Systems Use [M]. ProQuest LLC. 789 East Eisenhower Parkway, PO Box 1346, Ann Arbor, MI 48106, 2012.

[180] Tarmidi M, Roni R A. An International Comparison of the Determinants and Financial Information Quality in XBRL Reporting Environment [J]. Procedia-Social and Behavioral Sciences, 2014, 164: 135 -140.

[181] Taylor E Z, Dzuranin A C. Interactive financial reporting: an introduction to eXtensible business reporting language (XBRL) [J]. Issues in Accounting Education, 2010, 25 (1): 71 -83.

[182] Troshani I, Parker L D, Lymer A. Institutionalising XBRL for financial reporting: resorting to regulation [J]. Accounting and Business Research, 2015, 45 (2): 196 -228.

[183] Trucco S. Financial accounting: development paths and alignment to management accounting in the Italian context [M]. Springer, 2015.

[184] Van Loon N, Kjeldsen A M, Andersen L B, et al. Only when the societal impact potential is high? A panel study of the relationship between public service motivation and perceived performance [J]. Review of public personnel administration, 2018, 38 (2): 139 -166.

[185] Vipoopinyo J. eXtensible business reporting language semantic error checking for accounting information systems [D]. University of Portsmouth, 2013.

[186] Vipoopinyo J, Zhou S. An analysis on the data quality of new financial reporting, XBRL [J]. Scottish Journal of Arts, Social Sciences and Scientific Studies, 2013, 8 (2): 78 -90.

[187] Vroom V H. Egoinvolvement, job satisfaction, and job performance [J]. Personnel psychology, 1962.

[188] Wang D, Huang M, Wang Y, et al. The design and building of metadata model in XBRL taxonomy engineering [C] //2011 Fourth International Symposium on Computational Intelligence and Design. IEEE, 2011, 2: 11 -14.

[189] Wang T, Seng J L. Mandatory adoption of XBRL and foreign institutional investors' holdings: Evidence from China [J]. Journal of Information Systems, 2014, 28 (2): 127 -147.

[190] Wang T, Wen C Y, Seng J L. The association between the mandatory adoption of XBRL and the performance of listed state-owned enterprises and non-state-owned enterprises in China [J]. Information & Management, 2014, 51 (3): 336 -346.

[191] Wang Z. Financial reporting with XBRL and its impact on the accounting profession [D]. Edinburgh Napier University, 2015.

[192] Williams S P, Scifleet P A, Hardy C A. Online business reporting: An information management perspective [J]. International Journal of Information Management, 2006, 26 (2): 91 -101.

[193] Winne N D, Janssen M, Bharosa N, et al. Transforming Public-Private Networks An XBRL-Based Infrastructure for Transforming Business-to-Government Information Exchange [J]. International Journal of Electronic Government Research, 2011, 7 (4): 35 -45.

[194] Woodruffe C. What is meant by a competency? [J]. Leadership & organization development journal, 1993, 14 (1): 29 -36.

[195] Wulf G, Lewthwaite R. Optimizing performance through intrinsic motivation and attention for learning: The OPTIMAL theory of motor learning [J]. Psychonomic bulletin & review, 2016, 23 (5): 1382 -1414.